Michael Ragsch

# An Seinem See

Geschichten vom See Genezareth

Mit Fotos von Ulli Weber

BONIFATIUS

Bibliografische Information Der Deutschen Bibliothek
Die Deutsche Bibliothek verzeichnet diese Publikation in der Deutschen Nationalbibliografie; detaillierte bibliografische Daten sind im Internet über http://dnb.ddb.de abrufbar.

*Für Onkel Heinemann*

ISBN 978-3-89710-529-4 (Bonifatius)
ISBN 978-3-87620-369-0 (Patris)
© 2013 by Bonifatius GmbH Druck · Buch · Verlag Paderborn und
Patris Verlag GmbH, Vallendar-Schönstatt
Alle Rechte vorbehalten. Das Werk einschließlich seiner Teile ist urheberrechtlich geschützt. Jede Verwertung außerhalb der engen Grenzen des Urhebergesetzes ist ohne Zustimmung der Verlage unzulässig und strafbar. Das gilt insbesondere für Vervielfältigungen, Übersetzungen, Mikroverfilmungen und die Einspeicherung in elektronische Systeme
Umschlag: Marina Weber, Wattenscheid
Layout: Kluck, Höhr-Grenzhausen
Druck: PBtisk, Tschechische Republik

*Oh the fishes will laugh*

*As they swim out of the path*

*And the seagulls they'll be smiling*

*And the rocks on the sand*

*Will proudly stand*

*The hour that the ship comes in*

Bob Dylan, "When The Ship Comes In"

# Inhalt

**Vorwort** 7

**Einleitung** 9

**Ein Boot für die Christen** 12

**Fast wie in Rom** 20

**Das Dorf der Fischer** 30

**Der berechenbare See** 36

**In Seiner Stadt** 42

**Nur ein Wort** 54

**Genug für alle** 60

**Weide meine Schafe!** 68

**Imagine** 76

**Lucas und der See der Wunder – Eine Kurzgeschichte** 84

**Die Krone vor der Höhle** 90

**Ruhe im Sturm** 94

**Legion** 96

**Die Suche geht weiter** 106

**Jordan ist Jordan** 116

**Gefällt mir!** 122

**Auf Seinem See** 126

**Verwendete und weiterführende Literatur** 136

# Vorwort

Wir Christen nennen uns so, weil wir unseren Glauben und unser Leben auf Jesus, den Christus, auf den gekreuzigten und auferstandenen Jesus von Nazareth auszurichten versuchen. Jesus Christus feiern wir in den Liturgien der Kirche, in denen wir ihn gegenwärtig und wirksam glauben.

Von Kindheit an war mir klar, dass es zu meinem christlich-katholischen Glauben gehört, dass dieser Jesus Christus wahrer Mensch und wahrer Gott ist und vor 2000 Jahren im Vorderen Orient, in Palästina, gelebt und gewirkt hat, dann unter Pontius Pilatus in Jerusalem hingerichtet wurde und am dritten Tag danach von den Toten auferstanden ist.

Erst viel später habe ich wahrgenommen, dass sich in meinen christlichen Glauben und seinen liturgischen Feiern eine unausgesprochene Einseitigkeit eingeschlichen hatte: Christus war für mich – und ist es in meiner Wahrnehmung auch für viele andere gläubige Christen – vor allem der Sohn Gottes, die zweite Person der Dreifaltigkeit, der Erhöhte und Verherrlichte, eben der Auferstandene,

der in seiner Kirche fortlebt und nach seiner Himmelfahrt bei ihr geblieben ist „alle Tage bis zum Ende der Welt" (Mt 28,20).

Als ich damit angefangen hatte, mit Pilgergruppen durchs Heilige Land zu reisen, wurde mir gefühlsmäßig immer deutlicher: Jesus von Nazareth war nicht nur der Sohn Gottes, sondern in gleichem Maße auch Kind seiner menschlichen Mutter Maria. Er war dann 30 Jahre lang ein Handwerker, der kaum etwas Auffälliges an sich hatte. Der Hebräerbrief stellt schlicht fest: „Darum musste er in allem seinen Brüdern gleich sein" (Hebr 2,17). Als Jesus aus seinem bisherigen Umfeld aufgebrochen, in die Stadt Kafarnaum am See Genezareth umgezogen und wohl als

Untermieter im Haus des mittelständischen Fischerei-Unternehmers Simon, später Petrus genannt, eingezogen war, hat er in seinem neuen Umfeld und Beruf nach Freunden gesucht, die ihn als Mensch faszinierend und seine Reden gut fanden.

Ohne die Göttlichkeit dieses Mannes Jesus vom See, des späteren Christus, infrage zu stellen, wurde mir immer wichtiger, den Mitreisenden im Heiligen Land vom Menschen Jesus zu erzählen und mit ihnen die Zeugnisse für ihn, wie sie die Bibel berichtet, an Ort und Stelle wahrzunehmen. Immer bedeutsamer wurden uns unsere Beobachtungen des Heutigen, die eine relativ wirklichkeitsnahe Ahnung des Damaligen vom Umfeld Jesu vermitteln können: der See Genezareth und sein Ufer, die Steine, die Vögel des Himmels, die Blumen und Disteln, die Fischer und ihre Netze, die Hügel und Täler, das Klima und die Landschaft und besonders die Menschen, die wir getroffen haben. Alles, was wir angetroffen haben, gehörte zu „Seinem See" und ist „Heiliges Land", durch das man staunend und fragend, lesend und schauend pilgern kann, um ihn zu suchen und zu finden.

Michael Ragsch ist mehrfach mit mir am See gewesen und über den See geschippert. Er hat für dieses Buch heutige Menschen interviewt und Orte der Bibel beschrieben, wie sie sich heute darstellen. Und dabei tauchen in seinen Berichten immer wieder Aussagen der Zeugen Jesu auf, die man im Neuen Testament nachlesen kann. Die Geschichten, die Michael Ragsch erzählt, und die illustrierenden Fotos können helfen, dem Menschen Jesus auf die Spur und dem Sohn Gottes nahezukommen.

Rudolf Ammann
Geschäftsführer des Patris Verlags
und Reiseleiter im Heiligen Land

# Einleitung

Fünf Zeilen dieses Buches habe ich unmittelbar am See Genezareth geschrieben, sie bilden das kurze Kapitel „Ruhe im Sturm" und handeln von unserem Umgang mit Stürmen. Ich saß seinerzeit in einer Höhle, die schon sehr lange als Platz angesehen wird, an den sich auch Jesus gern zurückgezogen hat. An so einem Ort macht man sich Gedanken.

Wahrscheinlich würden ziemlich viele Menschen bei einer Umfrage den See Genezareth mit Unwettern assoziieren. Wie Jesus mitten in der Nacht und während eines heftigen Sturms über das Wasser läuft und auf das Boot zugeht, in dem sich die verängstigten Jünger befinden: Diese Geschichte hat wohl wie kaum eine andere die Fantasie der Leser des Neuen Testaments beflügelt. Für mich ist dabei der eigentliche Clou der Story, dass da zwei Männer auf dem Wasser sind: der eine, weil er der ist, der er ist. Der andere, Petrus, weil er glaubt. Doch als sich Zweifel in seine Zuversicht mischen, wird ihm sozusagen der Boden unter den Füßen weggezogen. Und dann erfüllt sich für ihn die Urhoffnung der Christen aller Zeiten und Nationen:

dass Jesus uns in den Stürmen unseres Lebens nicht nur auf halbem Weg entgegenkommt, sondern immer schon da ist.

Jetzt könnte einem so tiefenpsychologisch ums Herz werden, dass man den See Genezareth ganz vergisst. Passend dazu haben Forscher viel investiert, um den Gang Jesu auf dem Wasser naturwissenschaftlich zu erklären. Auch für die Annahme von Eisschollen im See war man sich nicht zu schade. In diesem Buch werden Sie nichts mehr von Eisschollen lesen. Wenn der Mensch dem Sohn des Allmächtigen auf Augenhöhe begegnen darf, dann im Zweifelsfall auch zu Fuß auf einem See.

Seit meiner ersten Reise nach Israel zieht es mich immer wieder an diesen See zurück – in eine Landschaft, die auch Jesus und die Apostel nicht viel anders wahrgenommen haben. Schon der See selbst, der in immer neuen Farben im Glanz der Sonne und im Schein des Mondes leuchtet, ist ein Spektakel. Die Möglichkeit, hier den Evangelien so nah zu kommen wie in keiner anderen Gegend der Welt, vervielfacht den Zauber. Für mich ist der See Genezareth ein Sehnsuchtsort, seitdem mich Pater Rudolf Ammann, Geschäftsführer des Patris Verlags, als Reiseleiter dorthin geführt hat. Gut, dass es keine Zufälle gibt!

Die Reportagen in diesem Buch beruhen in erster Linie auf zwei Reisen ins Heilige Land im Oktober 2011 und im Mai 2012. Die erste Tour habe ich allein unternommen, was mit den öffentlichen Verkehrsmitteln in Israel ein besonderes Erlebnis war. Als einmal so gar kein Bus kommen wollte, habe ich ernsthaft darüber nachgedacht, in der eingangs erwähnten Höhle zu übernachten. Irgendwann hielt dann ein Wagen an, der in meine Richtung fuhr.

Bei der zweiten Reise war der Wattenscheider Fotograf Ulli Weber dabei, der auch unseren Mietwagen gesteuert hat. Und es ist ein Wunder, dass wir ohne einen Strafzettel wieder nach Hause gekommen sind.

Dieses Buch ist kein Reiseführer. Doch wer noch nie am See Genezareth war, erfährt hier einiges über die heiligen Orte am Ufer. Ansonsten ist viel von Begegnungen die Rede; von Menschen, die heute am See leben oder die mir aus irgendeinem guten Grund über den Weg gelaufen sind. Und ich freue mich jetzt schon, Sie in die Höhle zu führen, in der ich dann doch nicht übernachten musste. Aber vielleicht finden Sie mich dort, wenn Sie eines Tages zufällig vorbeikommen und die Sonne aufgeht über dem bedeutendsten See der Christenheit.

Michael Ragsch

# Ein Boot
# für die Christen

Wahrscheinlich beginnen viele archäologische Weltsensationen mit einer Schatzsuche, mit purer Neugier und Abenteuerlust. Die Geschichte von der Entdeckung des sogenannten „Jesus-Bootes" ist auf jeden Fall keine Story, die am Schreibtisch ihren Anfang nimmt. Im Januar 1986 entdeckten zwei Fischer am Nordwestufer des Sees Genezareth im Schlamm ein Boot. Nicht einfach so, denn Yuval und Moshe Lufan, zwei Brüder aus dem Kibbuz Ginnosar, waren immer schon auf der Suche nach einem ganz besonderen Fund, mit dem sie vielleicht in die Geschichte eingehen würden. Diesmal half ihnen eine lange Dürreperiode, die für ein Absinken des Wasserpegels gesorgt hatte. Und so suchten sie wieder einmal das Ufer ab und buddelten im Schlamm nach alten Schätzen. Sie wurden nicht enttäuscht. Yuval und sein jüngerer Bruder Moshe entdeckten Planken, die auf ein altes Schiff hindeuteten. Ihre Freude war riesengroß, doch vorläufig hielten sie ihren Fund geheim – zwei lange Wochen, bis sie Mendel Nun anriefen. Der Fischer war als Hobbyarchäologe eine regionale Berühmtheit und ein guter Freund der Familie Lufan. Ihm schwante sofort, dass er eine außergewöhnliche Entdeckung vor sich hatte. Mendel Nun schaltete die Israelische Altertümer-Verwaltung ein. Den Experten Prof. Shelley Wachsmann und Dr. Kurt Raveh war sehr schnell klar: Dieses Boot musste sehr, sehr alt sein!

Aufregende Tage folgten. Ein Damm wurde rund um das Schiff errichtet, der Bereich wurde entwässert, dann mussten die Planken gesäubert werden. Der Zustand des alten Bootes war bedenklich. Nach Jahrhunderten im Schlamm hatte das Holz die Konsistenz nasser Pappe. Und so wurden die Planken während der Arbeiten immer wieder mit Wasser besprüht – so sollte verhindert werden, dass sie unter der Einwirkung der Sonne schnell trocken und brüchig würden. Bei dem etwa 8,20 Meter langen und 2,30 Meter breiten Schiff fand man eine Öllampe und einen Kochtopf, was die Bestimmung seines

Alters erleichterte. Später bestätigte dann eine Radiokarbon-Datierung, dass es, grob gesagt, in der Tat aus der Zeit Jesu stammen musste. Die Planken waren aus Zedernholz, doch immer wieder ist das „Jesus-Boot" geflickt worden, als es noch auf dem See Genezareth unterwegs war. Und so machte man am Ende zwölf verschiedene Holzarten in dem antiken Boot ausfindig.

Die große Frage war, wie man es aus dem See bergen sollte – zumal es auf einmal schnell gehen musste. Die Dürrezeit war zu Ende, der Wasserpegel stieg wieder. Eine schwierige Aufgabe für Orna Cohen, die die Leitung des Projekts übernommen hatte. Moshe Lufan überredete die Archäologin, es mit einem Spezialschaum zu versuchen. Der Plan ging auf. Das Schiff wurde komplett mit Polyurethan-Schaum eingesprüht und so stabilisiert – und dann wurde wieder Wasser in die Ausgrabungszone geflutet, damit das antike Schiff nach 2000 Jahren noch einmal in See stechen konnte. Es gibt Filmaufnahmen, die eine ausgelassene Orna Cohen zeigen, wie sie auf dem Boot hockt, das gerade an Land gezogen wird. Für eine Archäologin ein Moment für die Ewigkeit. Das alles geschah vor den Augen der Weltöffentlichkeit, denn es war nicht gelungen, den Sensationsfund vor der internationalen Presse geheim zu halten. Für die Bevölkerung am See war die Bergung des alten Bootes ohnehin ein Event bis dahin ungekannten Ausmaßes. Zahllose Freiwillige packten mit an in jenen magischen Tagen im Januar 1986.

*Das alte Boot
vor seiner Bergung im Matsch*

Jahrelang wurde das Boot danach in einem eigens angefertigten Betonbecken gelagert – in Chemikalien, von denen auch die Wissenschaftler nicht genau sagen konnten, was sie mit dem Schiff anstellen würden. „Wir wussten nicht genau, ob da noch ein Schiff drin ist oder nicht", schilderte Orna Cohen einmal die Ungewissheit des Archäologen-Teams. Als dann endlich die Chemie-Lösung abgepumpt wurde, atmeten die Experten erleichtert auf: Das Schiff war noch da. In der Öffentlichkeit hatte Cohen stets munter behauptet, dass das Boot die Prozedur selbstverständlich überstehen würde.

Heute steht das „Jesus-Boot" im Yigal Allon Museum direkt am See, benannt nach dem ehemaligen Militär und früheren israelischen Außenminister. Allon gehörte auch zu den Gründungsmitgliedern des Kibbuz Ginnosar. Das Boot ist die Attraktion der Einrichtung, oder sagen wir besser: die Attraktion der ganzen Gegend. Das Museum ist nicht nur ein Ausflugsziel für christliche Pilger, denn natürlich beflügelt das Boot auch die Fantasie jüdischer Besucher: War es etwa bei der Seeschlacht von Migdal im Jahr 67 im Einsatz? Wurde es also nicht nur für den Fischfang genutzt, sondern auch für den Kampf gegen die Römer? Schließlich steckte doch noch eine Pfeilspitze in dem Kahn! Dass das Museum das Schiff offensiv als „Jesus-Boot" verkauft, ist aber natürlich kein Zufall. Es ist ein Marketing-Coup, der längst nicht jedem gefällt.

Als ich das Schiff zum ersten Mal sehe, bin ich ganz allein in dem Raum, der nichts anderes beherbergt als das berühmteste Boot

*Das präparierte Boot sticht in See*

*Das „Jesus-Boot" im Yigal Allon Museum*

der Region. Es liegt auf einem Metallgestell, und man sieht ihm seine Jahre und die vielen Reparaturen an. Mein erster Gedanke ist, dass es sicher kein Vergnügen war, in einem solchen Boot einen heftigen Sturm zu erleben. Und Stürme waren und sind auf dem See Genezareth ja nun wirklich keine Seltenheit. Ein Schild an der Wand wirft die Frage auf, die sich sowieso jeder stellt, der diesen Raum betritt: Wem mag dieses Boot wohl gehört haben? Kann es sein, dass Jesus mit seinen Jüngern in diesem Schiff über den See gefahren ist? Ich habe mir angewöhnt, in Diskussionen über das „Jesus-Boot" zu sagen: Auch wenn Jesus nicht in diesem Boot saß – gesehen wird er es wohl haben. Aber ist das etwas Besonderes im Heiligen Land, dessen Hügel und Täler die Heimat des Gottessohnes waren? Natürlich nicht. Trotzdem gönne ich dem Museum und dem Boot jeden Besucher.

Über 100 000 Menschen würde das „Jesus-Boot" jedes Jahr anlocken, erklärt mir Marina Banai, die PR-Lady des Museums: „Die meisten Besucher sind Amerikaner, aber die Welt ändert sich. Die Asiaten sind auf dem Vormarsch, sogar Chinesen kom-

*Heute ist das Jesus-Boot sorgfältig gesichert, damit es nicht auseinanderfällt*

men." Und hat sich der Fund der Lufan-Brüder unter wirtschaftlichen Gesichtspunkten gelohnt? „Es ist teuer, das Boot auszustellen", sagt Marina Banai vorsichtig, „denn es ist sehr aufwendig, Temperatur und Luftfeuchtigkeit zu regulieren." Ich bitte die Öffentlichkeitsarbeiterin, mir den Weg zu Yuval Lufan zu beschreiben. Wenn ich schon einmal hier bin, will ich auch mit einem der Entdecker des „Jesus-Bootes" sprechen, der nach wie vor im Kibbuz Ginnosar neben dem Yigal Allon Museum lebt. Lufan würde mir entgegenkommen, erklärt Banai. An grünen Bermudas würde ich ihn erkennen. Doch der einzige Mann mit grünen Shorts, dem ich begegne, ist eindeutig zu jung. Nach einer Stunde finde ich den früheren Fischer dann in seiner Werkstatt. Yuval Lufan, den alle nur „Yuvi" nennen, arbeitet inzwischen als Bildhauer. Zahlreiche steinerne Figuren starren mich an. Und der Künstler selbst hat sich umgezogen – kein Wunder, dass wir uns verfehlt haben. Wahrscheinlich dachte er, dass grüne Bermudas nicht die angemessene Kleidung für einen Helden der Archäologiegeschichte sind. Yuvi zeigt auf eine seiner Skulpturen, einen riesigen länglichen Kopf mit grimmigem Gesichtsausdruck. „Das ist mein Vater, sage ich immer", lacht der Ältere der Lufan-Brüder. „Es muss Ihr Vater sein", sage ich, „er sieht Ihnen ähnlich."

Wahrscheinlich findet niemand ein antikes Boot im See Genezareth, wenn er nicht in seinem Wasser groß geworden wäre wie ein Petersfisch. Yuval Lufan ist so ein See-Mann, der schon als Kind eine innige Beziehung zum See Genezareth hatte. „Der See ist

*Yuvi und sein „Vater"*

mein Leben", erklärt er, und es gibt keinen Grund, an dieser Aussage auch nur eine Sekunde zu zweifeln. Aber was heißt das in der Praxis? „Ich wurde nah am See geboren", sagt Lufan, „meine Eltern haben unser Haus nah am See gebaut, weil sie den See so mochten. Und sie haben mir immer gesagt: Schau, wie schön der See ist. Schau, wie er sich ständig verändert! Schon nach einer Stunde sieht er anders aus als zuvor. Als ich ein Kind war, hat sich mein ganzes Leben im See abgespielt. Ich habe die Fische unter Wasser beobachtet, habe sie studiert. Nur so lernt man, wie man die Fische fangen kann."

Schon früh haben Yuvi und sein Bruder den Traum von der großen Entdeckung geträumt: „Immer, wenn ich im See stand, dachte ich daran. Ich wollte etwas Altes finden. Ich dachte dabei nicht an Gold. Mich hat interessiert, wie die Menschen früher am See gelebt haben. Ich ging immer mit meinem Bruder Moishele auf Suche. Er ist elf Jahre jünger, aber wir denken auf die gleiche Art. Wie Zwillinge. Eines Tages ging das Wasser zurück, und wir dachten: Vielleicht finden wir was!" Der Rest der Geschichte ist – Geschichte. Aber warum haben die Brüder die Entdeckung des Bootes 14 Tage geheim gehalten? Yuval Lufan zögert keinen Augenblick und erklärt: „Wir hatten einen Schatz gefunden, und der gehörte uns! Aber wir waren im Kibbuz groß geworden, und im Kibbuz teilt man alles. Und wir wollten ja auch wissen, was es mit dem Boot auf sich hat. Es

*Diese Skulptur hat Yuval Lufan seinem Bruder Moshe gewidmet, der angeblich nur Fisch im Kopf hat*

gehörte eben doch allen, nicht zwei verrückten Brüdern."

Und wer war vor zwei Jahrtausenden mit dem Schiff unterwegs? Extravagante Spekulationen liegen Lufan fern. „Es gehörte Fischern", meint er schlicht, „es war ein großes Boot, mit dem man zwei Tonnen Fracht befördern konnte. Es konnte nah am Ufer fahren, das war wichtig für den Fischfang. Zwölf bis 20 Menschen konnten mit dem Boot fahren, dann wurde es zu einem Bus auf dem Wasser." Dass man über den Begriff „Jesus-Boot" streitet, kann Yuval Lufan nicht verstehen: „Als klar war, dass das Boot 2000 Jahre alt ist, haben Moishele und ich selber gesagt: Das ist das Jesus-Boot. Die jüdischen Archäologen meinten, dass es einfach ein antikes Boot ist. Aber für uns war es wichtig, dass das Christentum hier am See geboren wurde. Hier fing alles an, hier hat Jesus angefangen, öffentlich aufzutreten. Ich denke, das Boot gehört den Christen." Yuvi selbst ist Jude, wurde aber nicht als Gläubiger erzogen.

Er führt heute ein ruhiges Leben, auch wenn er zweifelsohne der Star im Kibbuz Ginnosar ist. Seine Tätigkeit als Bildhauer füllt ihn aus. Dass die Entdeckung seines Lebens eine Touristenattraktion geworden ist, hat Yuval Lufan staunend und demütig und mit großer Freude akzeptiert. Der See sei sein Leben, hat er gesagt. Aber das Boot hat dieses Leben verändert: „Ich bin im Kibbuz groß geworden. Kibbuz ist Kommunismus. Als ich einmal in der Bibel gelesen habe, hat mein Vater gesagt: Es gibt keinen Gott im Himmel, Stalin ist Gott. Früher haben primitive Leute an Gott geglaubt, aber wir sind nicht primitiv. So wuchs ich auf: Kein Gott im Himmel. Doch das Boot hat alles geändert. Es hat der ganzen Gegend und auch mir einen besonderen Geist gegeben. Früher habe ich nicht an Gott geglaubt, jetzt tue ich es. Ich glaube jetzt an eine gute, hilfreiche Kraft."

*Yuvi in seiner Werkstatt unweit des Sees*

## Fast wie in Rom

Die Frage liegt auf der Hand in dieser Gegend, aber so früh am Morgen hatte ich sie nicht erwartet. Zusammen mit Cristiane, einer lebenslustigen Brasilianerin, sitze ich im schlichten Frühstücksraum der Pilgerunterkunft Casa Nova in Tiberias. Und auf einmal will sie von mir wissen: „Hast Du eine Meinung zum israelisch-palästinensischen Konflikt?" „Ich bin noch sehr müde", sage ich, „frag mich lieber was über Fußball." Wir sind hier zwar in einem christlichen Haus, aber man hat uns heute wegen des höchsten jüdischen Feiertags noch früher als sonst zum Frühstück antanzen lassen. Es ist Jom Kippur, und alles steht still in Israel. Jom Kippur ist der Versöhnungstag, von dem schon das Buch Levitikus berichtet: „Denn an diesem Tag entsühnt man euch, um euch zu reinigen. Vor dem Herrn werdet ihr von allen euren Sünden wieder rein" (Lev 16,30). Nicht nur für die strenggläubigen Juden ist Jom Kippur ein Fasttag – der einzige übrigens, der an einem Sabbat begangen wird. Man isst nichts, man trinkt nichts, man wäscht sich nicht einmal. Es ist ein stiller Tag der Buße und Reue, an dem gläubige Juden Gott um Vergebung für ihre Verfehlungen bitten. Und, ganz wichtig: Vorher sollten sie alle persönlichen Feindseligkeiten zu den Akten gelegt haben. Der Gottesdienst an Jom Kippur dauert praktisch den ganzen Tag. Die Betenden sind dabei in weiße Kleidung gehüllt. Wie bei allen jüdischen Feiertagen üblich, beginnt Jom Kippur am Abend und endet am Abend des nächsten Tages.

Tiberias ist mit rund 40 000 Einwohnern die größte Stadt am See Genezareth. Als ich an Jom Kippur vormittags durch das Ortszentrum gehe, begegnen mir nur ganz wenige Menschen. Dafür folgt mir ein kleiner Hund auf Schritt und Tritt, und natürlich sind die allgegenwärtigen Katzen auch an Feiertagen unterwegs. Ich beobachte eine Touristin, die unsicher an einer roten Ampel steht. Bevor sie die Straße überquert, schaut sie vorsichtig nach links und rechts. Es wäre nicht nötig gewesen, denn Autos werden heute nicht bewegt. Nur Polizeiwagen kommen regel-

*Menschenleere Hauptstraße an Jom Kippur*

mäßig vorbei. Aber wahrscheinlich war sie eine Deutsche. Tiberias ist ein Badeort, Tiberias ist das Touristenzentrum am See. Wer auf Party aus ist, der ist am Abend auf der Uferpromenade gut aufgehoben. Doch Tiberias ist auch eine jüdische Stadt, in der an Jom Kippur das öffentliche Leben komplett lahmgelegt ist.

Dass Tiberias einmal zu den vier wichtigsten Städten des Judentums gezählt werden würde, war zur Zeit Jesu nicht abzusehen. Der galiläische Herrscher Herodes Antipas

gründete Tiberias um 20 n. Chr. auf dem Gelände des alten Friedhofs von Hammat. Das machte es für gläubige Juden praktisch unmöglich, sich dort niederzulassen. So ist auch zu verstehen, weshalb Ihnen jeder Reiseleiter sagen wird, dass Jesus diesen Ort nie betreten hat. Nach der Zerstörung Jerusalems wurde Tiberias allerdings schnell zum geistigen Zentrum des Judentums. Im 2. Jahrhundert erklärte der Rabbi Schimon ben Jochai die Stadt für rein, und auch der Hohe Rat, der Sanhedrin, verlegte seinen Sitz nach Tiberias. Hier entstand der sogenannte palästinische Talmud, eines der wichtigsten Fundamente des neuzeitlichen Judentums. Bedeutende jüdische Gelehrte wurden in Tiberias bestattet, darunter der Arzt und Philosoph Moses Maimonides, auch RaMBaM genannt. Sein Hauptwerk „Führer der Unschlüssigen" beeinflusste Thomas von Aquin, Albertus Magnus und Meister Eckhart. Maimonides starb 1204 in Kairo und wurde auf seinen Wunsch in Tiberias beigesetzt. Das Grab des früheren Leibarztes von Sultan Saladin gehört heute zu den wichtigsten Sehenswürdigkeiten von Tiberias. Schon von Weitem kann man die markante rote Stahlkonstruktion erkennen, die das Grabmal dominiert.

Im Laufe ihrer Geschichte wurde die Stadt von muslimischen Arabern erobert, von christlichen Kreuzrittern eingenommen, von den Muslimen zurückerobert. Sie wurde von Ägyptern zerstört, von Erdbeben und nicht zuletzt der großen Flut des Jahres 1934 schwer mitgenommen. In den Vierzigerjahren des vergangenen Jahrhunderts war Tiberias etwa zu gleichen Teilen von Arabern und Juden bewohnt, doch der israelische Unab-

*Das Grab des Maimonides*

*Gebet am Maimonides-Grab*

hängigkeitskrieg führte zur Flucht und Vertreibung der arabischen Einwohner.

Auch wenn Tiberias eine durch und durch jüdische Stadt ist, auch wenn Jesus diesen Ort womöglich nie betreten hat: Es gibt natürlich christliche Spuren und eine christliche Gegenwart in diesem Ort, es gibt dort sogar eine katholische Peterskirche.

Das Kirchlein steht direkt neben dem Pilgerhaus Casa Nova unweit des Zentrums von Tiberias. Die Peterskirche wurde um 1100 von den Kreuzfahrern erbaut – in einer Zeit, als man es mit der genauen Lokalisierung von Ereignissen aus dem Leben Jesu nicht so genau nahm. Viele Begebenheiten des Neuen Testaments wurden nach Tiberias verlegt, nicht zuletzt die Begegnung der Jünger mit dem auferstandenen Jesus, wie sie im wunderschönen und ebenso geheimnisvollen Nachtrag des Johannesevangeliums geschildert wird (vgl. Joh 21). Dieser Episode mit dem berühmten Auftrag an Petrus („Weide meine Schafe!") ist auch die Kirche gewidmet. Vor dem Eingang steht ein Petrus-Denkmal, das der bekannten Statue im Petersdom nachempfunden ist. Beim Bau der Kirche hat man sich an der Form eines Schiffes orientiert, was hier am See keine so seltene Idee ist. 1870 wurde das Gotteshaus restauriert.

Ich habe die Kirche einmal einem älteren jüdischen Ehepaar gezeigt, das den regulären Eingang einfach nicht gefunden hat, den in Tiberias wohl nur katholische Insider kennen. Die beiden standen ganz hilflos vor dem Casa-Nova-Gebäude, dort kamen wir ins Gespräch. Sie hatten von der Kirche gehört und wollten sie unbedingt sehen. Ich habe sie dann selbstverständlich hingeführt. Die Frau war ganz begeistert: „Das ist so schön! Kirchen sind so schön. Wir Juden haben Synagogen, aber da gibt es nichts zu sehen. Ist nun mal so." Ich habe den beiden erklärt, dass es

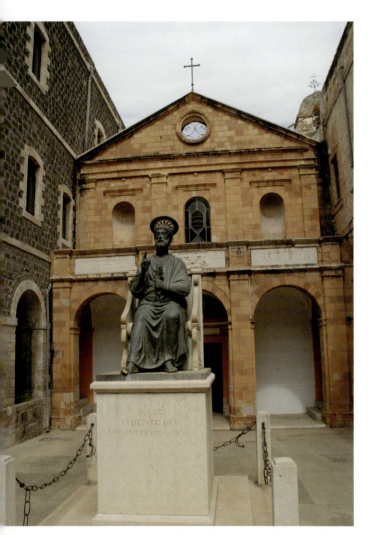

*Das Petrus-Denkmal vor der Peterskirche von Tiberias*

sich um eine Peterskirche handelt. Geradezu verzückt rief die Frau aus: „Oh, Petrus – wie in Rom!" Fast hätte ich sie darauf hingewiesen, dass der Apostelfürst ja eigentlich aus dieser Gegend kommt …

Die Gemeinde von Tiberias, zu der auch die umliegenden Orte gehören, wird neuerdings von der Gemeinschaft „Koinonia Johannes der Täufer" betreut, einer charismatischen Bewegung innerhalb der katholischen Kirche. Die Gottesdienste sind ausgesprochen lebendig, es wird viel gesungen, und die Mitglieder der Gemeinschaft beten meist mit erhobenen Händen. Hier in Tiberias habe ich meine erste Messe auf Hebräisch erlebt – eine ganz besondere Erfahrung.

Andrej Keller gehört zur Koinonia-Bewegung; der Slowake managt das Casa-Nova-Pilgerhaus. Ich frage ihn, wer eigentlich zu dieser katholischen Gemeinde in Tiberias gehört. „Da sind zum einen rund 40 Menschen aus Indien, Sri Lanka und von den Philippinen, die sich hier in der Gegend um ältere jüdische Leute kümmern", erklärt Andrej, „dann gibt es Katholiken, die aus dem

*Die Kirche von innen*

Libanon eingewandert sind und die israelische Staatsbürgerschaft angenommen haben. Hinzu kommen einige Russen. Auch für die haben wir einmal in der Woche eine Messe. Unsere Pfarrei ist die einzige hier am See, auch die Gebiete der Golanhöhen gehören noch dazu. Aber da gibt es nur wenige Katholiken. Wenn jemand eine Taufe will, dann muss er sich an unseren Pfarrer wenden."

Im Heiligen Jahr 2000 hat Andrej den Weltjugendtag in Rom besucht, dort kam er mit einer charismatischen Gruppe in Kontakt. Wenige Wochen später machte er eine einschneidende Erfahrung: „Im Gebet habe ich die Liebe Gottes erlebt. Es ist etwas in mein Herz hereingekommen, und ich wusste, dass es Jesus war. An diesem Tag habe ich mich für Jesus entschieden. Für mein ganzes Leben." Andrej schloss sich Koinonia an, arbeitete zeitweise als Sekretär von Pater Ricardo Argañaraz, dem Gründer der Bewegung. Schließlich ging er ins Heilige Land – weil im Pilgerhaus von Tiberias jemand gesucht wurde, der etwas von Finanzen versteht. Andrej Keller ist studierter Wirtschaftswissenschaftler und spricht mehrere Sprachen.

Der Slowake fühlt sich pudelwohl am See Genezareth; wunderschön sei es, im See zu

*Andrej Keller*

baden oder mit dem Boot über den See zu schippern. Aber natürlich ist da mehr. „Wenn du nach Israel kommst und dir klar machst, dass Jesus hier war, dann bekommt auch deine persönliche Beziehung zu ihm neue Impulse. Es ist etwas Besonderes, hier im Land zu leben", sagt Andrej. Dann überlegt er kurz und fügt entschieden hinzu: „Aber es ist wichtiger, jeden Tag mit dem lebendigen Jesus zu leben."

*Motorboot und typische Touristenboot auf dem Se*

## Das Dorf der Fischer

Im Heiligen Land wird ohne Ende in der Erde gebuddelt. Für den israelischen Staat ist Archäologie mit der Bibel in der Hand eine politische Aufgabe. Zahlreiche namhafte Archäologen haben in Israel gewirkt, und niemand kennt die Zahl der Freiwilligen, die bei den vielen Ausgrabungen mitgeholfen haben. Einen werde ich später noch näher vorstellen. Aber es gibt wohl kaum eine Figur, die mit dem Benediktinermönch Bargil Pixner (1921-2002) vergleichbar wäre, dessen Name eng mit der Entdeckung von Bethsaida verknüpft ist. Und weil es in diesem Kapitel um Bethsaida am Nordufer des Sees Genezareth geht, sind ein paar Zeilen über Pixner auf jeden Fall angebracht.

Pixner wurde in der kleinen Südtiroler Gemeinde Untermais geboren; seine Eltern gaben ihm den Namen Virgil. Er gehörte zur deutschsprachigen Minderheit in Italien, und in den letzten Monaten des Zweiten Weltkriegs zeigte sich seine Unerschrockenheit. Pixner war zur deutschen Wehrmacht eingezogen worden. 1944 gehörte er zum Brixner Regiment, das unter SS-Aufsicht an die Ostfront geschickt wurde, nachdem sich die gesamte Truppe geweigert hatte, den Treueeid auf Hitler zu leisten. Und noch eine Geschichte aus dieser Zeit: Pixner lieferte sich einmal mit einem SS-Mann eine hitzige Diskussion über das Judentum und die Gottessohnschaft Jesu. Dabei bekannte der Südtiroler: „Ja, ich liebe die Juden, sie sind ja Jesu

*Bargil Pixner*

Volk!" Diese Bemerkung hätte Pixner ganz schnell in Lebensgefahr bringen können.

Bald nach dem Krieg wurde der Südtiroler zum Priester geweiht. Er wirkte auf den Philippinen, wo er sich mehrere Jahre um Aussätzige kümmerte, ging dann nach Frankreich, Italien und in die USA. Pixner war schon um die 50 Jahre alt, als er ins Heilige Land kam. Einem störrischen Beamten der israelischen Einwanderungsbehörde verdankte er die Umbenennung seines Namens in Bargil, was auf Aramäisch „Sohn der Freude" bedeutet. „Virgil" war dem Verwaltungsmenschen nicht bekannt. Pixner behielt seinen neuen Vornamen auch bei, als er seine ewigen Gelübde ablegte. Der Benediktiner entwickelte sich zu einem Experten für christliche Lokaltraditionen. Und er landete als Hobbyarchäologe so manchen Coup. So grub er auf dem Zionsberg das Tor der Essener aus, und spätestens die Entdeckung Bethsaidas machte ihn zur Legende.

Bethsaida gehört zu den fünf Orten, die im Neuen Testament am häufigsten erwähnt werden. Kein Wunder: Es war der Geburtsort der Apostel Petrus, Andreas und Philippus (vgl. Joh 1,44). Nach einer späteren Tradi-

*Das Ausgrabungsgelände von Bethsaida*

tion wurden auch die Zebedäus-Söhne Johannes und Jakobus hier geboren. Dennoch war das Fischerdorf jahrhundertelang wie vom Erdboden verschluckt. Es gab Theorien, Annahmen. Doch handfeste Spuren: Fehlanzeige. Erst Bargil Pixner brachte Schwung in die Suche nach Bethsaida, das der Herodes-Sohn Philippus einst zu Ehren der Frau von Kaiser Augustus in Julias umbenannt hatte.

Der Benediktiner untersuchte sorgfältig die infrage kommenden Erhebungen am See Genezareth. Auf dem Hügel Et-Tel, den im 19. Jahrhundert schon der Amerikaner Edward Robinson als Standort Bethsaidas vorgeschlagen hatte, wurde Pixner fündig. Er entdeckte Teile der Stadtmauer und römische Keramik. Natürlich kannte auch der Südtiro-

ler die Bedenken gegen die Identifizierung von Et-Tel mit Bethsaida: Die Stätte liegt anderthalb Kilometer vom See entfernt. Nicht gerade das, was man von einem Fischerdorf erwarten würde. Heute weiß man, dass sich die regionalen Gegebenheiten in den letzten 2000 Jahre unter anderem durch Erdbeben verändert haben; zur Zeit Jesu lag die Stadt Petri direkt am See Genezareth. Und so ließ sich auch Pixner nicht beirren. Im Jahr 1987 begann eine umfangreiche Grabungstätigkeit. Sie förderte Erstaunliches zutage. Et-Tel war schon im 10. vorchristlichen Jahrhundert, schon in der Eisenzeit also, besiedelt. Des Öfteren wird der Ort auch als Hauptstadt des biblischen Geschur ins Spiel gebracht. Besonders eindrucksvoll ist das eisenzeitliche Stadttor, das man ausgegraben hat. Es ist die größte Toranlage aus biblischer Zeit, die man in Israel entdeckt hat. Teil des Tores war ein Heiligtum mit einer Basalt-Stele, die einen gehörnten Stier mit einem Dolch darstellt. Der assyrische König Tiglat-Pileser III. eroberte und zerstörte den Ort im Jahr 734 v. Chr., in hellenistisch-römischer Zeit war Bethsaida dann das, als was Bibelleser es kennen: ein Fischerdorf.

Der Amerikaner Bernie Trams, der die Ausgrabungen seit Jahren begleitet, führt mich an einem eher wolkigen Vormittag durch Bethsaida. Im Eingangsbereich des Ausgrabungsgeländes zeigt er auf einen behauenen Stein. „Er erinnert an ein Ereignis in der Bibel", sagt Bernie, „Jesus soll hier in der Nähe einen Blinden geheilt haben. Ein gewisser Bargil Pixner hat den Stein aufge-

*In Bethsaida steht heute eine Nachbildung der Stele mit Stierkopf*

*Dieser Stein erinnert an die Blindenheilung im Markusevangelium*

Geburtsort Petri, besuchen wollte: „Aber der Weg war für seinen Rollstuhl einfach zu schmal. Also hat man hier im Gelände Fackeln aufgestellt, der Papst ist dann am Abend mit dem Hubschrauber über den Ort geflogen." Bernie Trams beschäftigt sich seit über 15 Jahren mit dem antiken Bethsaida.

stellt." Die Geschichte von der Blindenheilung findet sich bei Markus (Mk 8,22-26). Es handelt sich um eine stufenweise Heilung: Zunächst sieht der Mann nur verschwommen, bis Jesus ihm erneut die Hände auf die Augen legt. Eine solche graduelle Heilung ist beim Evangelisten Markus einmalig. In den Memorialstein wurden zwei Augen eingemeißelt: eins noch halb geschlossen, das andere weit geöffnet.

Ich folge Bernie auf einem schmalen Weg durch das antike Bethsaida. Er erzählt mir, dass Papst Johannes Paul II. während seiner Jubiläumspilgerreise ins Heilige Land im Jahr 2000 eigentlich auch Bethsaida, den

*Bernie Trams in Bethsaida*

Wie Bargil Pixner ist er ein Hobbyarchäologe mit einer großen Leidenschaft fürs Heilige Land. Wir klettern durch die Ruinen des alten Fischerdorfs, dass einem fast schwindlig wird. „Über diese Straße wird auch Jesus gegangen sein", ruft mir Bernie zu. Ich mache schnell ein Foto von ihm, bevor er mich ins „Haus des Winzers" und anschließend ins „Haus des Fischers" schleppt. In dem einen hatte man Weinkrüge und Winzermesser gefunden, Anker, Netze und Angelhaken in dem anderen. Bethsaidas Häuser aus römischer Zeit hatten stets einen gepflasterten Innenhof, der von mehreren Räumen umgeben war. Bernie Trams geht im Übrigen davon aus, dass die Fischer ihre Boote nicht unmittelbar vor der Stadt abstellten: „Der Fischerhafen war sicher etwas von der Stadt entfernt. Das ist nicht ungewöhnlich, auch bei uns in Amerika gibt es viele Fischerdörfer, wo die Boote nicht direkt in der Stadt stehen. Es gibt die Docks, es gibt den Ort."

1976 kam Bernie erstmals nach Israel. Er war 21 Jahre jung und auf Weltreise. In Israel wollte er eigentlich zwei Wochen bleiben. Daraus wurden zwei Jahre, in denen er im Kibbuz Ginnosar lebte und als Freiwilliger auf einem Fischerboot arbeitete: „Dann ging ich zurück nach Amerika, jobbte auch erst als Fischer. Später habe ich Ozeanografie studiert, anschließend Pädagogik. Ich wurde Lehrer für Naturwissenschaften. Und weil wir im Sommer ja immer große Ferien haben, wollte ich in dieser Zeit zurück nach Israel." Inzwischen ist er regelmäßig hier. 1997

*Das „Haus des Fischers"*

beschäftigte er sich erstmals in Bethsaida mit Archäologie. Er war sofort fasziniert: „Man berührt uralte Steine oder Tonkrüge, die Leute vor 3000 oder 2000 Jahren benutzt haben. Es hat etwas Geheimnisvolles. Es ist wie am Geburtstag oder an Weihnachten: Du weißt nicht, was du bekommst, wenn du mit dem Graben beginnst."

Im Keller des Yigal Allon Museums zeigt mir Bernie Kisten mit diversen Fundstücken aus Bethsaida: Haushaltsgeräte, Töpfe, Fischereizubehör und Öllampen aus verschiedenen Epochen. Und er zeigt mir stolz einen großen, alten Krug, den er nach allen Regeln der Kunst aus Dutzenden von Bruchstücken selber zusammengeklebt hat. Bernie Trams ist Autodidakt, das Restaurieren alter Krüge hat er sich selbst beigebracht. Und keine Frage: Bethsaida ist für den US-Bürger das ideale Betätigungsfeld. „In anderen biblischen Orten wie Jerusalem oder Nazareth hat man nach dem 1. Jahrhundert nicht mit dem Bauen aufgehört. In Bethsaida ist das anders. Hier gräbt man durch die Oberfläche, und schon ist man im 1. Jahrhundert", erklärt Bernie. Dabei weiß er, dass die Wissenschaftler und freiwilligen Helfer vom „Bethsaida Excavations Project" einem bärtigen Benediktinermönch aus Untermais in Südtirol unendlich viel zu verdanken haben: „Bargil Pixner war nach dem Sechstagekrieg der erste, der hier herumgelaufen ist und geforscht hat. Wir nennen ihn den geistigen Vater von Bethsaida."

*Bernie mit restauriertem Krug*

## Der berechenbare See

Die Form einer Harfe hat dem See Genezareth (Hebräisch: Jam Kinneret) seinen Spitznamen eingebracht: das „Harfenmeer". Weniger poetisch ist ein anderer Name, der sich schon in der Bibel findet: See von Tiberias (vgl. Joh 6,1). Er verweist auf den politischen Stellenwert der Stadt, die Herodes Antipas ja zu Ehren des römischen Kaisers Tiberius gegründet hatte. Die Evangelisten Matthäus und Markus sprechen gern vom Meer oder See von Galiläa (vgl. Mt 4,18, Mk 1,16) und betonen so die Bedeutung des Sees für die galiläische Bevölkerung, vor allem natürlich für die Fischer. Heute ist der See Genezareth nicht nur für Fischer wichtig. Der tiefst gelegene Süßwassersee der Erde ist für die Wasserversorgung Israels von entscheidender Bedeutung. Deswegen nehmen die Sorgenfalten auch zu, wenn in regenarmen Jahren der Pegel des Sees immer weiter sinkt.

Der See Genezareth ist je nach Wasserstand bis zu 21 Kilometer lang und bis zu 12 Kilometer breit und hat einen Umfang von 53 Kilometern. Er liegt etwa 209 Meter unter dem Meeresspiegel und hat eine maximale Tiefe von 42 Metern. Das galiläische Meer wird vor allem vom Jordan gespeist, dessen drei Quellflüsse Dan, Banyas und Hatsbani im Hermongebirge entspringen. Der See ist seit Jahrtausenden für bestimmte Phänomene berühmt – etwa die heißen Quellen bei Tabgha und Tiberias oder die berüchtigten Fallwinde, die schon in neutestamentlichen Zeiten das Wasser aufgepeitscht und manches Boot in Seenot gebracht haben.

Mein Fotograf Ulli und ich haben einen Termin bei einem Deutschen, der sich seit Jahren wissenschaftlich mit dem See Genezareth beschäftigt. Dr. Werner Eckert arbeitet im Yigal Allon Kinneret Limnological Laboratory (KLL) am Nordwestufer des Sees. Limnologie ist die Wissenschaft von den Binnengewässern, aber das wissen auch die Menschen in unmittelbarer Nähe eines ausgesprochen prominenten Sees nicht unbedingt. Weil wir uns ein bisschen verfahren haben, frage ich einen Bauarbeiter nach dem „Limnological Laboratory". Ich habe selten einen ratloseren Blick gesehen: „Das was?!"

Wir finden das Institut dann auch ohne fremde Hilfe. Es befindet sich auf dem Gelände der Wassergesellschaft Mekorot, das wie eine militärische Anlage gesichert ist. Mekorot betreibt hier mehrere Pumpstationen, und Wasser ist in Israel eine Angelegenheit der nationalen Sicherheit. Die Wasserreserven im Land sind eben sehr begrenzt; viel hängt davon ab, dass der Pegel des Sees Genezareth nicht in einen kritischen Bereich rutscht und dass die Qualität des Seewassers stabil bleibt. Das KLL überwacht alle relevanten Umweltfaktoren, die die Beschaffenheit des Wassers bestimmen – und darüber freut sich unter anderem die Wassergesellschaft auf dem gleichen Gelände. Rund 30 Fachkräfte arbeiten für das Institut direkt am See, darunter der gebürtige Saarländer Werner Eckert, den das Gewässer schon seit den Achtzigerjahren nicht mehr loslässt. Damals hat der Geoökologe hier im Labor für seine Diplomarbeit geforscht.

Er ist immer wieder an den See Genezareth zurückgekehrt; nicht nur, um sei-

*Boot auf dem See in einer Vollmondnacht*

ne Doktorarbeit zu schreiben, sondern auch aus einem anderen Grund: Schon 1980 hat Eckert in Israel seine spätere Ehefrau kennengelernt, eine Israelin. Seit 1994 ist er am Kinneret Limnological Laboratory festangestellt.

Nun könnte man vermuten, dass der Deutsche ein Büro mit einem herrlichen Blick auf das „Harfenmeer" hat. Das Gegenteil ist der Fall. „Ich hätte ein Büro mit Seeblick haben können", sagt Eckert trocken, „habe mich aber für ein größeres Zimmer auf der anderen Seite des Hauses entschieden." Hier sitzt er im Schatten. So verschieben sich eben die Prioritäten, wenn man den berühmtesten See der Christenheit vor der Haustür hat. Das Büro ist vollgepfropft mit Fachliteratur, fabelhafte Aufnahmen verschiedener Seen hängen an der Wand. „Uns geht es darum, das ökologische Gleichgewicht des Sees so zu erhalten, wie wir das aus den Siebziger- und Achtzigerjahren kennen", erklärt der Wissenschaftler, der sich am Institut vor allem mit dem Einfluss von Mikroorganismen auf Nährstoffzyklen beschäftigt. Manchmal werden die Experten vor unerwartete Probleme gestellt. Eckert nennt ein Beispiel: „1994 hatten wir im See eine größere Blaualgenblüte. Es handelte sich um eine Art, die nie

*Werner Eckert*

zuvor im See entdeckt worden war; und das war schon alarmierend, weil Blaualgen normalerweise eine Verschlechterung der Wasserqualität anzeigen. Es war allerdings ein einmaliges Ereignis."

Ansonsten zeichne sich der See vor allem durch eins aus: seine Berechenbarkeit. „Der See hat gewisse Besonderheiten", sagt Werner Eckert, „eine ist seine Vorhersehbarkeit. Durch die meteorologischen Verhältnisse gibt es an Sommernachmittagen starke Winde, und es gibt natürlich sehr berechenbare Temperaturen. Es ist halt immer warm. So weiß man, dass sich der See im Jahresverlauf immer ähnlich verhält." Und das funktioniert in der Regel so: „Im Frühjahr schichtet es sich thermisch ein: Man hat oben warmes Wasser, unten kühles Wasser. Im Herbst, wenn die Wassertemperaturen dann langsam runtergehen, wird der See durchmischt. Die totale Durchmischung findet im Dezember beziehungsweise Anfang Januar statt."

Erst seit 1969 werden systematisch Daten über den See Genezareth gesammelt. „Wir wissen sehr viel über den See seit dieser Zeit. Aber wir wissen nicht, wie es davor war", sagt Eckert, der dennoch eins und eins zusammenzählen kann. Es bleibt eben nicht ohne Folgen, wenn der Mensch anfängt, an einem Gewässer herumzumanipulieren. „Anfang der Zwanzigerjahre des 20. Jahrhunderts wurde südlich des Jordanausflusses ein Kraftwerk gebaut", erzählt der Wissenschaftler, „danach wurde der Wasserspiegel durch eine Schleuse reguliert, was zu verstärkten Wasserschwankungen geführt hat. Das wurde zum Zweiten Weltkrieg eingestellt, danach regulierte sich der See wieder natürlich." Es gab weitere Eingriffe durch den Menschen: „In den Fünfzigerjahren wurde das Hula-Gebiet nördlich vom See Genezareth trockengelegt, dadurch wurden riesige Nährstoffmengen in den See geschwemmt, vor allem bis 1958. Ab 1969 wurde die Pumpstation von Mekorot eingesetzt, die vor allem im Sommer Wasser aus dem See pumpt und zeitweise für 30 Prozent des Trinkwasserbedarfs in Israel verantwortlich war. Auch hier waren riesige Schwankungen des Wasserspiegels die Folge." Der Pegel sei schon auf fast minus 215 Meter abgesunken. „Das ist sehr niedrig", warnt Eckert.

In Israel setzt man inzwischen auf die Entsalzung von Mittelmeerwasser, um den

See Genezareth zu entlasten. Werner Eckert ist aber davon überzeugt, dass der See immer eine gewisse Bedeutung für die Wasserversorgung des Landes haben wird. Jeder Tropfen zählt in einem Land, das nicht gerade sparsam mit seinen Ressourcen umgeht. Noch immer werden enorme Wassermengen in die Landwirtschaft gepumpt, einen Sektor, der für die israelische Ökonomie von eher untergeordneter Bedeutung ist. Eckert nennt ein weiteres Problem: „Durch das Bevölkerungswachstum ist der Verbrauch in den Haushalten stark angestiegen. Und die Menschen stellen relativ hohe Anforderungen an die Wasserqualität." Was durchaus zu einem Dilemma führen kann: Wenn das Land über anhaltenden Regen jubelt, freut sich der Experte nicht unbedingt mit. „Wenn ein regenreiches Jahr kommt", erklärt Eckert, „gelangen extreme Nährstoffmengen in den See. Das führt zu einer starken Algenblüte und lässt die Wasserqualität absinken. Dann kann es wieder zwei Jahre dauern, bis der See seinen normalen Level erreicht." Man kann eben nicht alles haben. Nicht einmal hier.

*Boot auf dem See, aufgenommen von Werner Eckert*

# In Seiner Stadt

Father Vincent Quek hat seine ganz eigene Meinung, wenn es um die Wasser-Krisen des Sees Genezareth geht. Quek stammt ursprünglich aus Indonesien und ist seit über 15 Jahren im Heiligen Land. Er ist einer von nur drei Franziskanern, unter deren Aufsicht die archäologischen Stätten von Kafarnaum stehen. Die Franziskaner waren nach der Kreuzritterzeit die ersten Katholiken, die sich wieder in Palästina niedergelassen haben. Bis heute sind sie als „Kustodie des Heiligen Landes" für wichtige Teile des christlichen Erbes im Land verantwortlich. Da stehe ich also mit Father Quek in Kafarnaum am Ufer des Sees, als es aus ihm herausplatzt: „Dieser See ist ein See des Lebens. Es ist unmöglich, dass Gott ihn austrocknen lässt. Er wird bestehen bis zum Ende der Welt. Der See Genezareth bildet in diesem Sinn auch einen interessanten Kontrast zum Toten Meer."

*Father Vincent Quek in der „Weißen Synagoge" von Kafarnaum*

Mit Father Quek hatte ich mich vor meiner Reise ins Heilige Land telefonisch verabredet. Es kann nicht schaden, dachte ich, wenn mir jemand die alte Stadt zeigt, der hier seit Jahren lebt. Der Franziskaner war auch sofort bereit. Als wir durch die „Weiße Synagoge" Kafarnaums spazieren, kommen wir mit Catherine ins Gespräch, einer Engländerin. Sie schleppt ein nagelneues iPad mit sich herum, das sofort das Interesse von Father Quek weckt. Beide sind gleichermaßen von dem Tablet-Computer begeistert, und Catherine lässt sich zu einem denkwürdigen Satz hinreißen: „Gott ist groß, er weiß, was wir brauchen." Sie meinte das iPad. Nun kann man fassungslos sein, dass der Name Gottes im Zusammenhang mit einem Ding aus dem Hause Apple bemüht wird. Aber Father Quek widerspricht der Engländerin nicht. Vielleicht auch deswegen, weil der fragliche Satz in dieser Umgebung der selbstverständlichste auf der Welt ist. „37 Wunder Jesu werden in den Evangelien geschildert", rechnet mir Father Quek vor, „elf davon sind in Kafarnaum geschehen." In Seiner Stadt, in der Stadt Jesu.

„CAPHARNAUM – THE TOWN OF JESUS" steht in großen Lettern am Eingangstor der Stadt, die heute ein exzellent präpariertes Ausgrabungsgelände ist. Ein anderes Schild zitiert zwei Stellen aus dem Matthäusevangelium (Mk 4,13, Mk 9,11), die verdeutlichen sollen, dass Jesus in Kafarnaum nicht nur „gewirkt" hat. Er war hier zumindest eine Zeit lang zu Hause (vgl. Mk 2,1).

Ende des 19. Jahrhunderts wurde das Gebiet von den Franziskanern gekauft, zunächst wurde dann die Synagoge ausgegraben. Nach jahrzehntelanger Arbeit der Archäologen hat sich Kafarnaum zu einem absoluten Anziehungspunkt am See Genezareth gemausert. „Es ist einer der authentischsten und wichtigsten archäologischen Orte der Welt", sagt Father Quek, der früher als Journalist gearbeitet hat und 1986 zum Priester geweiht wurde. Und der Star unter all den Ruinen ist nicht mehr und nicht weniger das Haus des Petrus.

Bei ihren Grabungsarbeiten waren die Franziskaner auf einen achteckigen Bau gestoßen, der nicht recht zum Muster der anderen Häuser rund um die Synagoge passte. Ganz offensichtlich hatte man einen Kirchenbau aus dem 5. Jahrhundert entdeckt. Man grub weiter – und fand einen noch älteren Sakralbau aus dem 4. Jahrhundert. Kreuze und christliche Graffiti ließen keinen Zweifel zu. Und es ging weiter, denn schließlich spürten die Archäologen den ursprünglichen Zweck der beiden Kirchen auf. Es ging einzig und allein um die Erinnerung an ein Privathaus aus der Zeit Jesu. Und da kommt nach den frühen Schilderungen der Pilgerin Egeria (4. Jahrhundert) und des Pilgers von Piacenza (6. Jahrhundert) nur ein Gebäude in Frage: das Haus des Apostels Petrus.

Dieses Haus war ursprünglich Teil eines Ensembles von Häusern, die um einen Innenhof herum angelegt waren, wie wir das schon in Bethsaida gesehen haben. Erstaunlicherweise hat man herausgefunden, dass der Bau etwa seit Mitte des 1. nachchristlichen Jahrhunderts nicht mehr als Wohnhaus genutzt wurde. Aus dieser Zeit fanden die Archäologen keine Töpfe oder Krüge mehr. Dies lässt nur den Schluss zu, dass das Haus des Fischers in unmittelbarer Nähe des Sees Genezareth schon früh als Hauskirche genutzt wurde. Und in den ersten Jahrhunderten haben die Christen am See die Erinnerung an das Haus, in dem auch Jesus ein- und ausging, stets wachgehalten. Es wurde nach und nach baulich aufgewertet, bekam etwa ein neues Pflaster oder ein neues Dach. Der radikalste Schritt war dann der Bau der oktogonalen Basilika im 5. Jahrhundert. Nach einem Erdbeben Mitte des 8. Jahrhunderts gerieten Kafarnaum und sein bedeutendster Schatz in Vergessenheit.

Für Father Quek besteht kein Zweifel, dass man in Kafarnaum das Haus ausgegraben hat, das einst Petrus gehört hat. „Ich höre viele Geschichten von Reiseleitern", sagt Quek verschmitzt, „zum Beispiel, dass das Haus der Schwiegermutter von Petrus gehört hätte. Aber das ist purer Nonsens! Warum sollten wir mit viel Aufwand eine Frau ehren, von der wir nicht einmal den Namen haben?" Erwähnt wird die Schwiegermutter im Neuen Testament allerdings schon. Markus schildert, wie Jesus in der Synagoge von Kafarnaum zunächst einen Besessenen heilt

*Das Haus des Petrus wurde schon früh zur Kirche umgebaut*

*Neben dem Petrus-Haus kann man Teile des Fußbodens der Basilika bewundern*

(vgl. Mk 1,23-27), um direkt danach zusammen mit Johannes und Jakobus in das Haus von Petrus und Andreas zu gehen. Ein paar Schritte, schon war man da. In diesem Haus kuriert Jesus dann die kranke Schwiegermutter des Petrus.

Berühmt ist noch ein weiteres Heilungswunder in Kafarnaum. Als Jesus nach einer Predigtreise durch Galiläa wieder in „Seine Stadt" zurückkehrt und zu den Menschen spricht, bringen vier Männer einen Gelähmten zu Jesus (vgl. Mk 2,1-12). Allerdings ist der Andrang vor dem Haus Petri so groß, dass sie einfach nicht zum Gottessohn durchkommen. Kurzerhand steigen sie aufs Dach, schlagen die Decke durch und bringen den Kranken dann eben von oben zu Jesus, der von ihrem Glauben schwer beeindruckt ist. Von ihrem Glauben. Dem Vertrauen nicht nur des Kranken, sondern auch der Männer, die ihn anschleppen. Wenn es nicht möglich ist, mit der Tür ins Haus zu fallen, dann muss man den Leuten eben auch mal aufs Dach steigen. Grenzenloses, bedingungsloses Vertrauen: Es scheint eine Spezialität der Menschen von Kafarnaum gewesen zu sein; auf den berühmten Hauptmann kommen wir noch zu sprechen. Petrus wird der Einzige gewesen sein, der angesichts des Lochs in seiner Decke nicht restlos begeistert war. Aber er dürfte das Dach nach dem Abzug der Menschenmassen schnell geflickt haben. Die galiläischen Häuslebauer bevorzugten eine leichte Bauweise; das Dach wird vielleicht aus Holz und Stroh bestanden haben. In diesem Sinne ist der Evangelist Lukas wohl auf dem Holzweg, wenn er von Ziegeln spricht, die erst abgedeckt werden mussten (vgl. Lk 5,19). Aber der Grieche war halt kein Kenner Galiläas. Es war auch kein Problem, schnell aufs Dach zu gelangen. Die Häuser Kafarnaums waren meist mit Außentreppen ausgestattet, die auf die flachen Dächer führten.

Heute steht über dem Haus Petri wieder eine Kirche. Das Gotteshaus wurde 1990 errichtet und ist wie der Vorgängerbau aus dem 5. Jahrhundert achteckig angelegt. Die Kirche hat einen fragwürdigen Ruf, über den sich auch Father Quek amüsiert: „Sie soll ein Schiff symbolisieren, sieht aber eher aus wie ein Raumschiff." Wohl wahr.

Ich nehme mir die Zeit, um mich endlich einmal gründlich und in Ruhe in der Kirche umzusehen. In der Mitte befinden sich Glasfenster im Fußboden, durch die sich jeden Tag Hunderte von Pilgern das Petrus-Haus ansehen. Wie gesagt: Da man nicht mit der Tür ins Haus fallen kann, steigt man dem Apostelfürsten halt aufs Dach. Auch die Seitenwände mit ihren großen Fenstern verstellen den Blick nicht, sondern geben ihn ausdrücklich frei: auf den See, auf die orthodoxe Kirche mit ihren rötlichen Kuppeln, auf das ganze Ausgrabungsgelände. Zwischen den Fenstern befinden sich acht großformatige Holzdarstellungen von biblischen Szenen, bei denen Jesus und Petrus im Mittelpunkt stehen. Auch wenn das hier ein Ufo ist: Die Grundidee ist fantastisch, und welches Fenster man sich auch aussucht für den Blick nach draußen – er dürfte atemberaubend sein. Auch die „Weiße Synagoge" kann man von hier aus sehen, deren Freilegung einst die Hoffnung genährt hatte, man habe das Gebetshaus aus der Zeit Jesu gefunden.

Schon Edward Robinson war 1838 auf die Überreste der Synagoge gestoßen, schon ihm war die herausragende Beschaffenheit des Gebäudes aufgefallen. Doch bis zu

*Treppe in der ausgegrabenen Stadt Kafarnaum*

*Die neue Kirche in Kafarnaum*

gründlichen Ausgrabungen durch Franziskanerarchäologen dauerte es noch weit über 100 Jahre. Ende der Sechzigerjahre des 20. Jahrhunderts stand dann fest, dass die „Weiße Synagoge" aus Kalkstein aus dem späten 4. Jahrhundert stammt. Doch dann die Überraschung: Unter der Kalkstein-Synagoge befanden sich schwarze Basaltsteine. Ganz offensichtlich hatte man das neue Bethaus sorgfältig auf den Ruinen des alten errichtet, um die Erinnerung an die Synagoge wachzuhalten, in der Jesus gelehrt und geheilt hat. An einer Treppe zur „Weißen Synagoge" kann man heute noch erkennen, wie der weiße Kalkstein ganz sorgfältig über der ursprünglichen Basaltstufe angebracht wurde. Beobachten Sie die Leute in Kafarnaum: Wer die Geschichte kennt, tritt beim Treppensteigen auf ein kleines schwarzes Stück Basalt, das unter dem Kalkstein hervorlugt. Auf den Spuren Jesu, im wahrsten Sinne des Wortes.

„Kann es für einen Priester ein besseres Betätigungsfeld als Kafarnaum geben? Hier hat Jesus in seiner Brotrede die Eucharistie erklärt", sagt Father Vincent Quek und verweist auf die geheimnisvolle Rede Jesu im 6. Kapitel des Johannesevangeliums über das Brot des Lebens und die wahre Speise, die nicht verdirbt. „Ich bin das Brot des Lebens", betont Jesus (Joh 6,48). Und dann nimmt er das Geschehen im Abendmahlssaal auf dem Zionsberg in Jerusalem vorweg: „Wer mein Fleisch isst und mein Blut trinkt, hat das ewige Leben, und ich werde ihn auferwecken am Letzten Tag. Denn mein Fleisch ist wirklich eine Speise, und mein Blut ist wirklich ein Trank. Wer mein Fleisch isst und mein Blut trinkt, der bleibt in mir, und ich bleibe in ihm" (Joh 6,54-56). Ich nehme Father Quek gern ab, dass es etwas Besonderes sein muss, hier immer neu die Heilige Messe zu feiern.

*Blick auf die „Weiße Synagoge"*
*(folgende Doppelseite)*

Den Stifter der ursprünglichen Synagoge kennen wir aus den Evangelien. Es ist jener Hauptmann, der einige jüdische Älteste zu Jesus nach Kafarnaum schickt mit der Bitte, der Prophet möge seinen schwerkranken Diener heilen. Man trägt Jesus den Wunsch eindringlich vor. Lukas schildert die Details: „Sie sagten: Er verdient es, dass du seine Bit-

*In der „Weißen Synagoge"*

*Ölpresse in Kafarnaum*

te erfüllst; denn er liebt unser Volk und hat uns die Synagoge gebaut" (Lk 7,4-5). Jesus macht sich auf den Weg, doch der Zenturio will nicht, dass er zu ihm ins heidnische Lager kommt. Seine Begründung ist legendär und in abgewandelter Form Bestandteil einer jeden Eucharistiefeier: „Herr, ich bin es nicht wert, dass du mein Haus betrittst; sprich nur ein Wort, dann wird mein Diener gesund" (Mt 8,8).

Bei Lukas schickt der Hauptmann Freunde los, die Jesus entgegengehen und diese Botschaft überbringen (vgl. Lk 7,6). Matthäus liefert eine noch eindrucksvollere Version, die eine direkte Begegnung des Hauptmanns mit Jesus noch in Kafarnaum beschreibt (vgl. Mt 8,5). In beiden Fällen lobt der Meister gegenüber seinen Begleitern den großen Glauben des Hauptmanns von Kafarnaum. In beiden Fällen wird der Diener gesund (vgl. Mt

8,10-13, Lk 7,9f). Der Schachzug des Hauptmanns spricht aber nicht nur für seinen Glauben, sondern auch für sein hervorragendes Fingerspitzengefühl: Jesus würde nach einem Besuch in dem Lager ja als unrein gelten.

Die Nähe einer heidnischen Garnison deutet auch auf die Bedeutung Kafarnaums zur Zeit Jesu hin. Es war eine Grenzstadt mit damals vielleicht 1000 bis 1500 Bewohnern und einer Zollstation in der Nähe. Kafarnaum befand sich noch im galiläischen Herrschaftsbereich des Herodes Antipas, aber das Reich des Philippus war ganz in der Nähe. Bargil Pixner geht davon aus, dass die Soldaten bei Kafarnaum Söldner im Dienst des Herodes waren. Keine Römer, vielleicht Germanen oder Gallier. Sie sollten auch den Zöllnern den Rücken freihalten. Dass Jesus ausgerechnet beim verhassten Zöllner aus der Gegend zum Essen einkehrt – es war für die Pharisäer ein Riesenskandal. Und dieser Matthäus wurde auch noch in den Kreis der Jünger berufen (vgl. Mt 9,9-13)! Kafarnaum an der berühmten kaiserlichen Hauptverkehrsader Via Maris war nicht nur ein Ort der Fischer. „Die Olivenproduktion war hier bedeutend, es wurde Landwirtschaft betrieben und Glas produziert", führt Father Vincent Quek aus. Die heidnische Garnison hatte ihr Lager abseits vom eigentlichen Dorf. Dort hat man besser gearbeitete Häuser sowie ein typisches römisches Bad ausgegraben.

Auf dem Gelände steht heute die griechisch-orthodoxe Kirche, deren rote Kuppeln sofort ins Auge fallen. Ich schaue mit Father Quek hinüber zum orthodoxen Nachbarn und frage ihn, ob er schon einmal drüben war; schließlich liegen die Grundstücke direkt nebeneinander. „Noch nie", gibt er zu, „der Weg ist weit, wenn man an der Straße entlang geht. Wir wollten einen direkten Durchgang, aber das hat die andere Seite abgelehnt." Der Franziskaner hat es tatsächlich in all den Jahren nicht fertiggebracht, die Nachbarn einmal zu besuchen. Nun, denke ich, dann werde ich jetzt mal überprüfen, wie weit der Weg ist …

*Beliebtes Fotomotiv Petrus-Statue in Kafarnaum*

# Nur ein Wort

Ich verlasse das Kafarnaum der Franziskaner durch das weiße Metalltor und lasse die Stadt Jesu vorläufig hinter mir. Es ist Mittag an einem ungewöhnlich heißen Oktobertag, und noch macht es mir nichts aus, dass ich in meinem Rucksack kein Getränk verstaut habe. Aber der Durst wird kommen und gnadenlos sein. Der Parkplatz auf der linken Seite ist vollgestopft mit Bussen, Kafarnaum gehört eben zum Pflichtprogramm der christlichen Pilger. An der Straßenkreuzung biege ich rechts ab, ein gepflasterter Fußweg bringt mich der weißen Kirche mit den auffallenden roten Kuppeln immer näher. Aber der Weg zieht sich. Ein braunes Straßenschild verkündet auf Hebräisch, Arabisch und Englisch, dass ich gleich rechts abbiegen muss, um erneut in Kafarnaum zu landen – diesmal in dem von der griechisch-orthodoxen Kirche betreuten Teil der alten Stadt. Ich habe keine Uhr dabei, aber ich war bestimmt eine halbe Stunde unterwegs. Schade, denke ich, dass sich Franziskaner und Orthodoxe bisher nicht auf einen Durchgang einigen konnten. Aber was will man erwarten in einem Land, in dem sich Vertreter der verschiedenen christlichen Denominationen schon mal wegen Kleinigkeiten an die Gurgel gehen.

Zum ersten Mal überhaupt betrete ich die „Kirche der zwölf Apostel" am See Genezareth. Mein erster Eindruck ist akustisch: ein herrlich mystischer Gesang, der mich sofort in eine andere Welt eintauchen lässt. Dass er von einer CD kommt – geschenkt.

*Die Kirche der zwölf Apostel*

*Malereien und Ikonen
in der Kirche der zwölf Apostel*

Nach dem sparsam ausgestatteten franziskanischen Ufo merkt man sofort, dass man hier bei Orthodoxen zu Gast ist. An der Decke ist ein riesiger Kronleuchter befestigt, und zahlreiche Ikonen und Wandmalereien sorgen für einen farbenfrohen Gesamteindruck. Die größte Darstellung auf der kompletten Wand im Eingangsbereich ist nicht dazu angetan, gute Laune aufkommen zu lassen: Sie zeigt eine scheußliche Höllenvision mit abstoßenden Teufelsgestalten und einem gewaltigen Blutschwall. Ansonsten bilden viele Ikonen biblische Szenen ab, die sich hier in Kafarnaum abgespielt haben. Eines der Holzbilder stellt einen Gelähmten dar, der auf einer Trage von der Decke des Petrus-Hauses zu Jesus heruntergelassen wird. Das war direkt nebenan, denke ich.

Die Kirche der zwölf Apostel wurde 1925 erbaut, bis zum Jahr 1948 fanden hier auch Gottesdienste statt. Nach der Gründung des Staates Israel stand das Gotteshaus im Niemandsland. Die Kirche verfiel. 1969, zwei Jahre nach dem Sechstagekrieg, wurde sie dem Griechisch-Orthodoxen Patriarchat in Jerusalem zurückgegeben. Eine neue Ära konnte beginnen, und in den Neunzigerjahren wurde die Kirche unter Führung des Mönchs Irinarchos nach und nach herausgeputzt.

Am Kircheneingang gibt es einen kleinen Souvenirshop, wo vor allem Ikonen angeboten werden. Ich erkundige mich, ob der Mönch zu sprechen ist. Man telefoniert. Er

*Mönch Irinarchos*

sei gerade beim Essen, heißt es. Danach hätte er Zeit für mich. Ich habe nichts dagegen, ein bisschen zu warten und lasse mich draußen am See auf einem Stuhl unter einem Baum nieder. Eine Cola wäre jetzt schön. Doch nichts zu machen.

Als ich wieder in die Kirche zurückgehe, kommt kurz darauf auch Irinarchos herein. Ein Mönch mit langem, grauem Bart in einem schlichten schwarzen Gewand. Ich habe nicht den Eindruck, dass ihm zum Plaudern zumute ist. Alles über diesen Ort stehe doch auch auf einem Zettel in der Kirche, meint er. Aber dann setzt er sich doch mit mir auf eine kleine Mauer bei der Kirche und fängt an, über sein Leben zu erzählen.

Irinarchos kommt aus Nordgriechenland und hat über 25 Jahre in Israel verbracht. Er war in Bethlehem und hat in der Jerusalemer Grabeskirche gewirkt, die die Orthodoxen so viel schöner „Auferstehungskirche" nennen. Seit mehr als 20 Jahren aber ist er in Kafarnaum zu Hause. „Ich liebe diesen Ort, das ist wie Urlaub Tag und Nacht", sagt er in einer Mischung aus heiligem Ernst und spürbarem Sarkasmus. Als Irinarchos Anfang der Neunziger ins orthodoxe Kafarnaum geschickt wurde, gab es hier kein fließendes Wasser. „Ich habe das Wasser dann aus einem Ort in der Nähe geholt. Neun Jahre lang", erklärt er. Ja, und es sei schwirig mit dem Klima in Galiläa. „Aus Griechenland will bei der Hitze niemand hierhin kommen", lacht Irinarchos mit einem Achselzucken, „also bin ich der einzige Mönch hier. Im Juli hatten wir 49 Grad."

Ich spreche den Griechen auf das Verhältnis zu den Franziskanern auf dem Nachbargrundstück an. „Ich kenne sie. Es gibt keine Probleme. Aber sie mischen sich zu sehr in die Politik ein", findet Irinarchos – und schwärmt von seiner Zeit in der Auferstehungskirche: „Da war das Verhältnis zu den übrigen Konfessionen auch gut. Als mein Bruder geheiratet hat, haben die Franziskaner Geld für ein Geschenk gesammelt." Und ein bisschen kühler als am See Genezareth ist es in Jerusalem ja auch. Die wichtigste Kirche der Christenheit hat einen tiefen Eindruck bei Mönch Irinarchos hinterlassen: „Ich mag die Messen dort. Es kommen Leute aus aller Welt. Sie laden ihre Sorgen ab und gehen mit einem Lächeln."

„Und wie ist es hier in Kafarnaum? Das ist auch ein wichtiger Ort, es ist die Stadt Jesu", sage ich.

„Es ist schwierig. Zehntausende Pilger kommen, das muss bewältigt werden."

Und dabei ist der Mönch ganz allein, denke ich, die Franziskaner sind immerhin zu dritt. Ich frage: „Sind Sie manchmal einsam?"

„Nein."

Ich überlege kurz, hake dann nach: „Wegen Gott?"

Irinarchos grinst vielsagend und nickt dann. Schließlich sagt er: „Manchmal wäre ich gern weit weg, in der Wüste."

Wir reden kurz über die Finanzkrise in Griechenland, im Heimatland des Mönchs. Auf einmal wird er regelrecht wütend: „Wenn wir eine Krise haben, dann eine spirituelle. Zuerst kommt Gott, dann alles andere. Aber niemand will einen Boss über sich haben, nur das eigene Ich zählt. Die Leute lassen sich mit dem Teufel ein."

„Wer ist denn der Teufel? Ich nehme an, das Internet und das Geld sind es nicht. Wer ist der Teufel? Ist es das Ego?"

„Es ist das Ego."

„Aber Sie sind hier an einem wunderbaren Ort, hierher kommen nur Pilger, nur Gläubige. Ist der Teufel auch hier?"

„Manche Leute haben den Teufel in sich und suchen eine Lösung."

„Können Sie denn helfen, wenn Sie die Menschen nur kurz sehen?"

„Manchmal genügt ein Wort."

*Wandmalerei im Eingangsbereich der Kirche*

# Genug für alle

Es ist eine der bekanntesten und zugleich rätselhaftesten Geschichten im Neuen Testament: die Episode von der „wunderbaren Brotvermehrung". Man weiß, dass die Frage nach dem technischen Ablauf des Ganzen von vornherein zum Scheitern verurteilt ist. Aber wer möchte nicht wissen: Wie ging das? Wie hat Jesus das gemacht? Ich fürchte, dass auch ich diese Frage gleich Ludger Bornemann stellen werde. Der Priester aus Kirchhellen ist seit über 15 Jahren Pilgerseelsorger in Tabgha, wo seit ewigen Zeiten an das Wunder mit den Broten und Fischen erinnert wird.

Deutsche Benediktiner betreuen diesen Ort zwischen Magdala und Kafarnaum. Das Priorat Tabgha ist ein Ableger der Dormitio-Abtei in Jerusalem. Im Mai 2012 wurde südlich der Brotvermehrungskirche ein neues Kloster eingeweiht. Das Gelände gehört dem Deutschen Verein vom Heiligen Lande, dessen Vorläuferorganisation es 1889 örtlichen Beduinen abgekauft hat. Die Kirche wurde auf den Grundmauern einer dreischiffigen Säulenbasilika aus dem 5. Jahrhundert errichtet und 1982 fertiggestellt. Schon im 4. Jahrhundert wurde hier in einem Kirchlein der Felsblock verehrt, auf dem Jesus die fünf Brote und zwei Fische abgelegt haben soll, aus denen später Berge von Nahrung wurden. Die Pilgerin Egeria hat auch diesen Ort Ende des 4. Jahrhunderts ausführlich beschrieben. Nach ihren Schilderungen lag der Fels, der zum Altar geworden war, in einer Ebene mit Gras und Palmen und sieben Quellen daneben. Tabgha ist eine arabische Kurzform der

*Blick auf die Brotvermehrungskirche*

*Brot und Fische:*
*Das berühmteste Mosaik des Landes*

griechischen Ortsbezeichnung Heptapegon: Siebenquell.

Bevor ich Pfarrer Ludger Bornemann aufsuche, gehe ich noch einmal in die Brotvermehrungskirche. Bei meinem allerersten Besuch hier wurde ich Zeuge einer Taufe, diesmal tobt der ganz normale Touristenalltag. Die Kameras klicken und surren – doch was immer die Besucher fotografieren, ein Bild wollen sie alle: das Mosaik unmittelbar vor dem Felsblock, über dem der Altar errichtet ist. Dieses Bodenmosaik zeigt einen Korb mit vier Broten und dazu zwei Fische. Es ist das berühmteste Mosaik Israels, die Souvenirshops bieten das Motiv auf Tellern und Tassen und Schalen an. Nur vier Brote? Die schönste Interpretation geht so: Wird hier Eucharistie gefeiert, ist immer ein fünftes Brot mit dabei. Der Leib Christi.

Ich mag die helle Kirche mit den einfachen Holzbänken, setze mich kurz hin und schaue auf Fels und Altar. Dann zieht es mich wieder zu den Mosaiken, die noch aus der Kirche des 5. Jahrhunderts stammen. Sie wurden 1911 wiederentdeckt und in den Dreißigerjahren des 20. Jahrhunderts freigelegt und restauriert. Von herausragender Qualität sind vor allem die Darstellungen von Wasservögeln und Sumpfpflanzen.

Unweit der Brotvermehrungskirche befindet sich das Pilgerhaus Tabgha, eine herrliche, gepflegte Oase direkt am See. 2002 wurde die Einrichtung renoviert und erweitert. In der Cafeteria treffe ich Ludger Bornemann, den Geistlichen Leiter. Für sein Wirken im Heiligen Land hat man ihn zum Päpstlichen Ehrenkaplan mit dem Titel Monsignore ernannt. Seit 1996 ist er jetzt in Tabgha. Ursprünglich wollte er nur drei Monate bleiben, um Kraft zu tanken; er war damals als Krankenhausseelsorger im Einsatz. Doch Bornemann ist nicht mehr weggegangen: „Das ist nicht so ungewöhnlich im Heiligen Land. Es gibt genug Geschichten von Leuten, die nur kurz bleiben wollten und ganz lange geblieben sind. Die, die länger bleiben wollen, sind meist schnell wieder weg."

„Ist der Ort gut für Sie?"

„Ja. Das ist einer der schönsten Plätze hier. Für viele ist es ein Paradies. Vor allem

*Wunderschön*
*Bodenmosaiken in Tabgha*

in einem Land, das von Wüste und vielen Steinen geprägt ist. Ein steinreiches Land eben! Es ist ein Privileg, hier in der Bibel zu schwimmen. Ich stehe jeden Morgen auf und habe die biblische Urlandschaft vor mir. Es ist schön, das vielen Leuten zeigen zu können."

„Wie werden Sie denn als Pilgerseelsorger gefordert?"

„Das ist sehr unterschiedlich. Viele machen eine touristische Reise, weil man das immer schon mal machen wollte. Da muss man dann oft bei der Suche nach dem Kern einer tieferen Sehnsucht helfen. Und man kann mithelfen, dass die Leute wirklich pilgern. Dass sie nicht nur mit dem Bus unterwegs sind, sondern auch mal stehenbleiben. Auf der anderen Seite kommen hier angesichts dieser Orte Dinge in den Menschen hoch, die sehr tief sind und berührend. Und da erlebe ich, dass es etwas andcres ist, wenn man das hier ausspricht und auch hier zurücklässt. Ich merke dann: Diese Landschaft hat nach wie vor ihre heilsame Wirkung."

Wir sind inzwischen hinunter zum See gelaufen, wo ein kleines Wäldchen Schatten spendet und Klippdachse herumtollen. Pfarrer Ludger Bornemann erzählt mir eine Episode aus seiner Kindheit. Einmal war ein Kaplan in seine Grundschulklasse gekommen und hatte aus einer Kinderbibel die Geschichte von der Brotvermehrung vorgelesen. Die Kinder waren so begeistert, dass sie nach der Unterrichtsstunde noch mehr Geschichten von Jesus hören wollten.

Alle vier Evangelisten schildern die wunderbare Vermehrung von Brot und Fisch (vgl. Mt 14,13-21, Mk 6,30-44, Lk 9,10-17, Joh 6,1-15), wobei sich die Berichte in Details unterscheiden. Bargil Pixner empfiehlt, sich an den Galiläa-Kenner Markus zu halten. Also tun wir das einfach und beginnen mit der Vorgeschichte. Markus beschreibt, dass Jesus an einem Sabbat in der Synagoge von Nazareth lehrt. Doch seine Heimatstadt lehnt ihn schroff ab. Es ist so schlimm, dass er keine Wunder wirken kann. Einigen Kranken legt er die Hände auf, ansonsten sind sie ihm gebunden: ohne Glaube kein Wunder. Nach diesem herben Rückschlag schickt Jesus seine Jünger jeweils zu zweit in die Dör-

*Ludger Bornemann*

fer Galiläas, um Dämonen auszutreiben und die Frohe Botschaft zu verkünden (vgl. Mk 6,1-13).

Als die Jünger ihre Missionsreisen beendet haben, versammeln sie sich wieder bei Jesus. Nehmen wir also an, dass dies in Kafarnaum war, wo Jesus ja im Haus des Petrus gewohnt hat. Die erschöpften Jünger kommen hier aber nicht zur Ruhe, weil ständig Menschen vorbeischauen, die Jesus sehen möchten. Der Meister will den Aposteln eine Auszeit gönnen und steigt mit ihnen in ein Boot, um an einen einsamen Ort zu fahren. Der Plan geht nicht auf, denn die Leute lassen das Boot nicht aus den Augen und rennen hinterher. Als der Kahn wieder am Ufer anlegt, werden Jesus und die Jünger schon erwartet. Man kann sich gut vorstellen, wie die Menschen während ihres Marsches am Ufer entlang immer wieder den Insassen des Bootes zuwinken; und wie der Gruppe an Bord schnell klar wird, dass sich die Verfolger nicht abschütteln lassen. Es ist also ausgesprochen plausibel, dass die Reise nach zwei Kilometern schon wieder zu Ende ist – bei den sieben Quellen, wo man sich bequem ins grüne Gras setzen kann. Markus berichtet, dass Jesus hier lange zu den Menschen spricht.

Am Abend fordern die Jünger Jesus auf, die Leute in die umliegenden Dörfer zu schicken, damit sie sich etwas zu essen kaufen können. Jesus bittet die Jünger, selbst die Verpflegung der Gäste zu übernehmen. Doch die Apostel stellen fest, dass nur fünf Brote

und zwei Fische vorhanden sind. Und das für (etwa) 5000 Männer! Nur Matthäus erwähnt explizit, dass Frauen und Kinder hier gar nicht mitgezählt sind. Nach Johannes gehörten Fische und Brote einem kleinen Jungen, der offensichtlich bereit war, mit anderen zu teilen.

Die Menschen setzen sich ins Gras. Jesus nimmt die Brote und die Fische, blickt zum Himmel auf, spricht den Lobpreis, bricht das Brot. Dann lässt er Brote und Fische austeilen. Und alle werden satt. Ja, es bleiben sogar noch zwölf volle Körbe mit Essen übrig. Die Zahl weist darauf hin, dass sich diese erste Speisung ausdrücklich an das Volk Israel mit seinen zwölf Stämmen richtet. Später wird Jesus im Gebiet der Dekapolis eine weitere Speisung vornehmen, mitten unter den Heiden also. Dann werden es sieben Brote und einige Fische sein, die 4000 Männer satt machen, dazu Frauen und Kinder (vgl. Mt 15,32-38, Mk 8,1-9).

Der Plan von einer kurzen Auszeit – und dann kommt alles ganz anders, lebensverändernd anders: Diese Lektion von Tabgha hat auch Pfarrer Ludger Bornemann verinnerlicht, dessen Leben von diesem Ort und seiner Geschichte umgekrempelt wurde. „Es ist eine Geschichte der Güte Gottes und der Fülle, die ganz tief anrührt", sagt er.

Ich frage: „Hat sich Ihr Blick auf die Brotvermehrung nach 15 Jahren in Tabgha verändert?"

„Mir ist etwas anderes als die Fülle fast wichtiger geworden. Jesus und die Jünger hatten alles ganz anders geplant. Es sollte ein schöner, stiller, freier Tag werden. Und dann sind die Leute auch schon da. Es wird Abend, und die Jünger sind mit ihren Kräften und Möglichkeiten am Ende. Sie kommen an Grenzen, als die Frage auftaucht: Woher bekommen wir Brot? Jesus sagt zu den Jüngern: Wie viele Brote habt ihr denn? Geht und seht nach! Also: Was habt ihr schon an Möglichkeiten? Dann die typisch menschliche Antwort: Müssen wir erst mal nachrechnen, was das Budget hergibt. Und beim Nachrechnen guckt man auf die Erde. Die Antwort Jesu ist dann, dass er zum Himmel aufschaut. Und das bringt die Perspektivveränderung: Rechne nicht bloß mit dem, was du hast. Rechne auch mit dem, was Gott noch daraus machen kann. Und das ist für mich auch die Herausforderung des Glaubens an dieses Brotvermehrungsevangelium: Kannst du heute glauben, dass Gott aus deinen wenigen Möglichkeiten noch Wunderbares werden lässt? Und kannst du es zulassen?"

„Damit ist die Frage nach dem technischen Wie also nicht mehr wichtig", sage ich. Ahne ich. Weiß ich.

„So ist es. Das wird im Evangelium ja auch nicht erzählt. Da kommt nicht vor, wie Jesus gezaubert hat. Da steht nur: Er nahm die Brote, blickte zum Himmel auf, gab sie den Jüngern, und sie teilten das Brot aus. Und alle aßen und wurden satt."

*In der Brotvermehrungskirche*

## Weide meine Schafe!

Die heutigen Jünger und Nachfolger Jesu fühlen sich diversen Konfessionen zugehörig. Aber selten hat mich jemand so überrascht wie Michal Frenzel, als sie mir erklärte, sie sei jüdisch-katholisch. Ich habe Michal und ihre Tochter in Tiberias kennengelernt. Michal war gerade dabei, Material über christliche Kunst am See Genezareth zu sammeln. Sie hat Kunst und Erziehung studiert, nun träumt sie davon, ein Buch zu schreiben, um den jüdischen Israelis die Kunst der Christen im Heiligen Land näherzubringen. „Sie können so das Christentum kennenlernen und auf diese Weise Verbindungen zu ihrem eigenen Glauben entdecken", sagt Michal, deren eigene Lebensgeschichte auch eine unerwartete Entdeckung zu bieten hatte: Jesus.

Michal Frenzel wuchs in Israel auf, Religion spielte in ihrer Jugend überhaupt keine Rolle. Irgendwann zog es sie in die Vereinigten Staaten. Als College-Studentin begann sie mit einer spirituellen Suche. „Ich wusste, dass etwas in meinem Leben fehlt", erinnert sich Michal, „aber ich wusste nicht, dass es Gott war. Ich habe mich mit allem Möglichen beschäftigt, Literatur, indische Philosophie. Das war alles interessant, hat aber meine tieferen Fragen nicht beantwortet. Als ich anfing, das Neue Testament zu lesen, kam alles auf einmal, nur durch das Lesen. Dann habe ich verschiedene Kirchen besucht. Ich wusste ja nichts über das Christentum." Ausgerechnet während der Lektüre von Teresa von Ávilas mystischem Klassiker „Die Innere Burg" traf sie Katholiken: „Ein Priester hat mir meine Fragen beantwortet. Und ich wusste, dass ich am richtigen Ort war."

Seit über 20 Jahren lebt Michal Frenzel jetzt in den USA, doch immer wieder zieht es sie in die Heimat, zurück nach Israel. Hier fühlt sie sich eher zu Hause als in Amerika, wegen ihres Bekenntnisses zum Katholizismus gleichzeitig aber auch fremd. Sie trifft sich regelmäßig mit gleichgesinnten Katholiken, denen ihre jüdischen Wurzeln ebenso wichtig sind. „Wir alle haben das Bedürfnis, das ganze Bild zu sehen", sagt Michal, „und

*Michal Frenzel*

wir können Jesus nicht verstehen ohne die Geschichte, die Gott zuvor mit dem Volk Israel geschrieben hat. Es geht um eine Rückbesinnung. Wir machen das für uns, aber auch für die Kirche. Denn auch heute noch ist die jüdische Welt bedeutsam für die Fülle des Glaubens."

Michal Frenzel kennt sich exzellent mit den Gotteshäusern am See Genezareth aus, und so frage ich sie, welche Kirche am See denn ihrer Meinung nach die schönste ist. Michal muss nicht lange überlegen. Sie entscheidet sich für die sogenannte Primatskapelle, die nicht weit von der Brotvermehrungskirche entfernt in Tabgha steht, und zwar direkt am See. „Es ist eine sehr einfache Kirche", sagt die jüdisch-katholische Israelin aus Amerika fast entschuldigend, aber ich kann ihre Wahl sehr gut nachvollziehen. Schon bei meinem allerersten Besuch hat mich die Kirche mit ihrer Umgebung in ihren Bann gezogen. Und obwohl ich damals nur kurz geblieben bin, habe ich gleich die ungemeine Ruhe gespürt, die von dem Ort ausgeht. Die Tradition erinnert hier an eine Begegnung des auferstandenen Jesus mit einigen seiner Jünger.

Es muss so etwas wie der Genius loci sein, der Geist des Ortes, der es möglich macht, dass einem die damaligen Ereignisse ganz nah werden. Selten habe ich die Felsen und Steine des Heiligen Landes und Seinen See so sehr als „fünftes Evangelium" wahrgenommen wie hier. Wenn ich eine Hitliste meiner fünf Lieblingsplätze auf diesem Planeten aufstellen sollte: Dieser Ort dürfte nicht fehlen. Während ich diese Zeilen schreibe, stehe ich in Gedanken vielleicht 20 Meter von der Primatskapelle entfernt am See, schaue auf das Wasser und stelle mir vor, dass ungefähr hier Jesus gestanden haben muss an jenem Morgen, den der Nachtrag des Johan-

*Die Primatskapelle*
*(folgende Doppelseite)*

Zart Allerliebste mein!  
Ich hör ein süß Getöne  
Von kleinen Waldvöglein:  
Die hör ich so lieblich singen,  
Ich mein, ich säh des Tages Schein,  
Vom Orient herdringen.

Ich hör die Hahnen krähen  
Und spür den Tag dabei.  
Die kühlen Windlein wehen,  
Die Sternlein leuchten frei.  
Singt uns Frau Nachtigalle,  
Singt uns ein süße Melodei;  
Sie meld't den Tag mit Schalle.

Der Himmel tut sich färben  
Aus weißer Farb in Blau,  
Die Wolken tun sich färben  
Aus schwarzer Farb in Grau.  
Die Morgenröt tut herschleichen:  
Wach auf, mein Lieb, und mach mich frei!  
Die Nacht will mir entweichen.

*(Volkslied)*

nesevangeliums (Joh 21) so unvergleichlich schildert.

Jesus sieht im Morgengrauen, wie sich ein Boot dem Ufer nähert. Natürlich weiß er, dass sich Petrus und Johannes und fünf weitere Jünger auf dem Kahn befinden. Und natürlich wird er wissen, dass sie heute nichts gefangen haben. Man unterhält sich, aber die Jünger erkennen den auferstandenen Meister nicht. Jesus fordert sie auf, das Netz auf der rechten Bootsseite auszuwerfen, was sie auch tun – mit durchschlagendem Erfolg. 153 Fische werden die sieben Jünger später zählen. Als sie das Ergebnis ihrer Bemühungen sehen, wissen sie sofort, wer der geheimnisvolle Fremde ist. An Land entdecken Petrus und die anderen Männer dann, dass Jesus bereits ein Kohlenfeuer entzündet hat. Der Auferstandene lädt die Jünger zum Essen ein und reicht ihnen Brot und Fisch. Der Felsen, der damals als Tisch gedient haben soll, befindet sich heute in der Kapelle. Über die Bedeutung der Anzahl von genau 153 Fischen ist viel nachgedacht und spekuliert worden. So könnte 153 die Zahl der damals bekannten Völker oder auch Fischarten sein. Interpretationen im Sinne der Zahlenmystik gibt es auch. Aber natürlich ist nicht auszuschließen, dass die Jünger exakt 153 Fische gefangen und als ordentliche Geschäftsleute eben gut durchgezählt haben.

Nach dem gemeinsamen Mahl fragt Jesus Petrus dreimal, ob dieser ihn auch liebe. Petrus bejaht dies dreimal, und dreimal folgt die Aufforderung: Weide meine Lämmer! Beziehungsweise: Weide meine Scha-

*Der verehrte Felsen in der Kapelle*

fe! Petrus, der Jesus in der Nacht des Verrats dreimal verleugnet hat (vgl. Joh 18,15-27), wird hier noch einmal als der Fels bestätigt, auf den Jesus seine Kirche bauen wollte (vgl. Mt 16,13-20). Nach der Treueverletzung im Hof des Kaiphas mag es nötig gewesen sein, erneut an die Loyalität des Apostelfürsten zu appellieren – und zwar dreimal, wie es im Orient bis heute bei den ganz wichtigen Fragen des Lebens üblich ist. Wegen des Auftrags an Petrus, Hüter der Lämmer zu sein, nennt man die Kirche über dem Felsen am See eben Primatskapelle. Unweit des Kirchleins erinnert auch eine Bronzestatue, die Jesus und einen knienden Petrus zeigt, an den bedeutsamen Dialog der beiden.

Die Primatskapelle wurde 1933 von Franziskanern auf einem felsigen Gelände erbaut, das zur Zeit Jesu nicht besiedelt war. In den folgenden Jahrhunderten wurde es als Steinbruch genutzt; die Spuren der Arbeiten kann man heute noch sehen. In der Ära Kaiser Konstantins wurde der Steinbruch stillgelegt und an der Stelle, die traditionell als Ort der Begegnung des Auferstandenen mit den Jüngern galt, ein erstes bescheidenes Gebäude errichtet. Zwischen dem 4. und 5. Jahrhun-

*Statue  
bei der Primatskapelle*

dert entstand dort eine Kirche, von der noch Mauerreste sichtbar sind.

Fünf Kirchenbauten soll es bis zum Hochmittelalter auf dem Felsplateau am See gegeben haben, die letzte dieser Kirchen wurde 1263 durch Sultan Baibar zerstört. Danach passierte fast sieben Jahrhunderte lang nichts auf dem Gelände, bis die Franziskaner 1933 ihre Kirche aus schwarzem Basaltstein errichteten. In dieser Kirche befindet sich vor dem Altar der „Tisch des Herrn" (Mensa Domini), der Felsblock also, auf dem Jesus der Tradition nach das Kohlenfeuer entzündet hat. Der heilige Fels war schon im ersten Gotteshaus an der gleichen Stelle der Mittelpunkt.

An der Südseite der Kapelle sind Steinstufen sichtbar, die sehr alt sein müssen. Durchaus möglich, dass sie aus der Zeit Jesu stammen und mit jenen Stufen identisch sind, die schon die Pilgerin Egeria im 4. Jahrhundert beschrieben hat als die Treppenstufen, „auf denen der Herr stand".

Eine neue Kirche mit einem altehrwürdigen Felsen in der Mitte, uralte Stufen an der Seite und der See Genezareth nicht mal einen Steinwurf entfernt: Es ist die Mischung, die diesen Ort auch für unsere jüdisch-katholische Kunstexpertin Michal Frenzel so unwiderstehlich macht: „Es ist sowieso am schönsten, wenn die Natur und die vom Menschen geschaffene Welt zusammenwirken. Die Schönheit kommt, wenn man einfach dasitzt und alles an sich heranlässt: die Vergangenheit, die Gegenwart, die natürliche Harmonie." Und es gibt nicht nur einen Ort am See Genezareth, wo das sehr gut möglich ist.

*Die alten Steinstufen bei der Kapelle*

# Imagine

Man kann die Hügel Galiläas jederzeit als „sanft" bezeichnen, ohne etwas falsch zu machen. Würde hier Schnee fallen, man könnte auch mit viel Fantasie keine schwarzen Skipisten entstehen lassen. Auch der „Berg der Seligpreisungen" ist so ein flacher Hügel, allerdings einer mit einem ganz besonderen Charme. Jesus, der so gern unter freiem Himmel zu den Menschen sprach, soll diesen Ort für die berühmteste Predigt der Weltgeschichte ausgesucht haben. Heute steht eine Kirche weit oben auf der Anhöhe, früher wurde der Ort der Bergpredigt weiter unten verehrt. Drei volle Kapitel umfasst die Ansprache Jesu bei Matthäus (Mt 5-7), und heute geht man davon aus, dass die Predigt eine wunderschöne Komposition von Jesusworten ist; gehalten wurde sie in dieser Form wohl nicht. Aber das liegt auch eigentlich auf der Hand, denn in diesem Text ist praktisch jeder Satz ein Volltreffer. Neben dem Vaterunser wird in den drei Kapiteln die Goldene Regel vorgestellt, es gibt berühmte Aussagen zu Rache und Feindesliebe. Und natürlich die Seligpreisungen! Lukas bietet eine Kurzfassung der Predigt, Ort des Geschehens ist hier aber kein Berg, sondern eine ebene Fläche (Lk 6,20-49).

Wenn Jesus auf einen Berg steigt, um die Grundzüge seines ethischen Programms zu verkünden, dann erinnert das natürlich automatisch an Moses und den Sinai. Aber davon abgesehen ist der Berg oberhalb von Tabgha auch von den Ortsangaben in der Bibel her plausibel. Nach der Predigt steigt Jesus vom Berg herab und kommt nach Kafarnaum (Mt 8,1-5; vgl. Lk 7,1). Das passt.

Es ist brütend heiß, als ich auf dem Berg der Seligpreisungen eintreffe. Als ich für ein bisschen Abkühlung den klimatisierten Souvenirshop aufsuche, fällt mir gleich die Musik auf, die aus den Lautsprechern tönt: eine süßliche Panflöten-Version von John Lennons „Imagine". Ausgerechnet Lennon hatte mit seiner Behauptung, seine Beatles seien populärer als Jesus, in den Sechzigern einen Riesenskandal heraufbeschworen. „Imagine" ist eine schlichte Vision von einer besseren

*Berg der Seligpreisungen mit Kirche*

Welt, zu der allerdings auch antireligiöse Statements gehören. Bei aller Bewunderung für die musikalische Power des Songs: Mir hat Lennons Ablehnung der Religion in „Imagine" nie imponiert. Sicher kann man gerade im Heiligen Land auf den Gedanken kommen, dass ohne religiösen Fanatismus auf allen Seiten längst Frieden sein könnte. Aber man kann dem Menschen nicht verbieten, „heaven" zu wollen und nicht nur „sky",

*Kirche auf dem Berg der Seligpreisungen*
*(folgende Doppelseite)*

einen Himmel als Lebensperspektive also und nicht bloß einen Sternenhimmel zum Besingen.

Jesus appelliert in seiner Bergpredigt nicht an das Vorstellungsvermögen, nicht an die „Imagination" seiner Zuhörer, er macht es ihnen deutlich schwerer: Er sagt, was zu tun ist, wenn man ein Großer im Himmelreich sein will. Und er tut dies „wie einer, der Vollmacht hat", betont der Evangelist (Mt 7,29). Die Menge sei nach der Predigt betroffen gewesen. Pharisäer und Schriftgelehrte werden direkt angegriffen (vgl. Mt 5,20); den Essenern, zu denen die Familie Jesu nach heutigen Erkenntnissen einen guten Kontakt pflegte, wird indirekt das Nötige gesagt. Die jüdische Reformbewegung unterteilte die Menschen in „Söhne des Lichts" und „Söhne der Finsternis", in Freunde und Feinde Gottes. Letztere waren auch und vor allem die verhassten Feinde der Essener. Jesus setzt der essenischen Apartheid sein Konzept von der Feindesliebe entgegen, und er tut dies mit Vollmacht: „Ihr habt gehört, dass gesagt worden ist: Du sollst deinen Nächsten lieben und deinen Feind hassen. Ich aber sage euch: Liebt eure Feinde und betet für die, die euch verfolgen, damit ihr Söhne eures Vaters im Himmel werdet; denn er lässt seine Sonne aufgehen über Bösen und Guten, und er lässt regnen über Gerechte und Ungerechte" (Mt 5,43-45).

Nicht nur Essener werden diese Botschaft in den vergangenen 2000 Jahren mit dem Etikett „weltfremd" versehen haben. Es gibt weitere Provokationen in der Bergpredigt, deren

*Die erste Seligpreisung*

explosive Kraft mit den Jahren eher noch zugenommen hat. „Sammelt euch nicht Schätze hier auf der Erde, wo Motte und Wurm sie zerstören", ruft Jesus aus (Mt 6,19), und heutige Finanzjongleure würden wohl zu Recht einwenden, dass alles Ungeziefer der Welt die Geldmengen nicht vernichten könnte, die sie in ihrer erbarmungslosen Gier angehäuft haben. Von den Seligpreisungen gefällt mir hier im Heiligen Land immer die dritte am besten. Vor dem Hintergrund eines blutigen Konflikts um Land, das letztendlich allen Beteiligten heilig ist, sollte eigentlich jeden Tag einer auf einen Hügel steigen und eine einfache Wahrheit herausschreien: Niemand wird Gott mit einem Anspruch beeindrucken, wenn er ihn mit dem Schwert oder einer Uzi oder einer Rakete durchsetzen will (vgl. Mt 5,5).

Der Berg der Seligpreisungen bietet einen spektakulär schönen Blick auf den See Genezareth. Wahrscheinlich ist der Parkplatz vor der Kirche auch deswegen so riesig und meist voll mit Touristenbussen. Die katholische Kirche aus dem Jahr 1937 ist ein achteckiger Bau, der acht Seligpreisungen symbolisieren soll. An die neunte mit den himmlischen Verheißungen für alle verfolgten und ver-

*Das Innere der Barluzzi-Kirche*

leumdeten Jesusjünger erinnert die markante Kuppel, die der Landschaft ihren Stempel aufdrückt. Die Kirche ist aus schwarzem Basaltstein und verfügt über einen Säulengang mit weißen Pfeilern.

Architekt war der Franziskanermönch Antonio Barluzzi. Er hat einen legendären Ruf als „Architekt des Heiligen Landes", da er zahlreiche Kirchen an Orten gebaut hat, die mit dem Leben Jesu in Verbindung stehen. Dazu gehören die Kirche aller Nationen am Fuß des Ölbergs, Dominus flevit ganz in der Nähe, die Besuchskirche in Ein Kerem oder die Kirche auf dem Berg Tabor.

Zur Anlage auf dem Berg der Seligpreisungen gehören auch Plätze für Messfeiern mit Altären und Sitzbänken unter schattenspendenden Bäumen. Hier treffe ich eine Gruppe aus Indien, jedenfalls denke ich das. Als der Priester der Truppe dann aber Deutsch mit mir spricht, bin ich doch ein bisschen überrascht. Noch mehr irritiert mich der leichte schweizerdeutsche Dialekt. Seinen Namen lasse ich mir sicherheitshalber aufschreiben: Joseph Naduvilaparambil. Er hat in Innsbruck Theologie studiert, dann hat es ihn in die Schweiz verschlagen, wo er jetzt schon mehrere Jahre eine Pfarrei betreut. Alle in seiner Gruppe haben indische Wurzeln, aber die meisten sind inzwischen Österreicher oder Schweizer. „Ich gebe der

*Pfarrer Joseph Naduvilaparambil*

Gruppe ein bisschen Bibelorientierung", sagt der Priester, den ich aus praktischen Gründen ab jetzt einfach Pfarrer Joseph nenne.

Es ist sein erster Besuch im Heiligen Land und ein dementsprechend großes Erlebnis: „Ich höre seit 35 Jahren vom Evangelium. Als Kind habe ich in der Kirche von all diesen Orten gehört, so sind mir die Plätze vertraut. Aber natürlich weiß ich, dass sich viel verändert hat. Es ist nicht alles wie damals." Und nicht alles ist so, wie er es sich bislang vorgestellt hat. Wir kommen auf den Berg der Seligpreisungen zu sprechen. „Dieser Berg zum Beispiel ist nur ein Hügel", sagt Pfarrer Joseph, „wir dachten, dass die Berge hier ein bisschen höher und kräftiger sind. So wie die Alpen." Man merkt, dass der Mann aus der Schweiz kommt.

Aber Pfarrer Joseph hat schon verkraftet, dass das galiläische Bergland eben keine Steilhänge zu bieten hat: „Ich kann mir gut vorstellen, wie Jesus hier durch das Land gewandert ist und die Menschen in Scharen zu ihm kamen." Am Ort der berühmtesten Predigt der Welt frage ich den Priester, was denn eine gute Predigt auszeichnet. Er überlegt nicht lange: „Dass jemand die Seele des Menschen mit berührenden Worten bewegt. Und den Leuten eine Richtung vorgibt, in die man gehen kann. Der Mensch braucht ein Ziel, das in Ewigkeit bleibt. Und dieses Ziel gibt ihm Kraft, das Leben mit seinen Schwierigkeiten anzunehmen. Das ist, was Jesus gemacht hat: Er hat den Leuten Hoffnung und Kraft gegeben. Und er war sehr erfolgreich auf seinem Weg, von ihm ging eine große Anziehungskraft aus. Seine Seligpreisungen sind immer noch gültig und aktuell."

Ich spreche dann noch kurz John Lennon an, aber seine Vision von der religionslosen Gesellschaft hat bei Pfarrer Joseph keine Chance: „Die Menschen suchen Spiritualität. Ich bin ganz sicher, dass sie ohne Religion nicht leben können."

## Lucas und der See der Wunder

### Eine Kurzgeschichte

Lucas saß am Ufer des Sees und schaute auf den See. Die untergehende Sonne spiegelte sich im Wasser, und langsam rollte Lucas eine Träne über die Wange. Schließlich schluchzte er unaufhörlich. „Du bist alt geworden", dachte er und zupfte an seinem weißen Bart, „am Ende bist du alt geworden. Es musste ja so kommen, da sie dich nicht aufgespießt oder gekreuzigt oder zu Tode geprügelt haben." Du bist alt geworden: Das war sein einziger Gedanke, bevor auch dieser sich in nichts auflöste und Lucas nur noch der Blick auf den See blieb. Lucas war nie ein Träumer gewesen, er allerdings hätte gesagt: Sie haben mir alle Träume ausgetrieben. Es war keine Zeit für Träumer, und es war kein Land für Träume. Einmal allerdings war ihm die Wirklichkeit zu einem Traum geworden, und in diesem Moment wäre ihm alles möglich gewesen. Jedenfalls hatte er das geglaubt, damals, als er noch ein Junge in Galiläa war. Er dachte nicht mehr oft an jene Nacht, doch wenn er hier am See saß, konnte er sich nicht dagegen wehren. Und er wollte es auch nicht. Die Sonne war längst untergegangen, als das Wasser des Sees unruhig hin- und herwogte. Schon zuckte der erste Blitz durch die Nacht. Ein Unwetter war aufgezogen, und mit ihm war die Erinnerung zurückgekommen. Lucas lud sie zu sich in die Höhle ein, in die er sich inzwischen zurückgezogen hatte.

Auch in jener Nacht war ein Sturm über den See hinweggefegt. In den Stunden zuvor hatte die Sonne geschienen, nichts hatte auf das Unwetter hingedeutet. Lucas hatte dem Rabbi zugehört, der am Ufer des Sees zu den Menschen gesprochen hatte. Das war jetzt 50 Jahre her. Der Rabbi hatte Gott seinen Vater genannt, immer wieder. Und er hatte über das Himmelreich gesprochen: dass es schon da sei. Dass es schon gekommen sei – in den Herzen der Menschen! Lucas hatte auf den See geschaut und in die Augen der Leute und vor Freude laut gelacht. Am Abend gab es Brot und Fisch für alle. Seltsam, hatte Lucas gedacht: dass auf einmal so viel Essen für so viele Menschen da war. Es mussten Tausende gewesen sein, die am See zusammengekommen waren. Und außer seinem Freund Samuel hatte er niemanden gesehen, der Brote und Fische dabei hatte.

Als sich der Rabbi von den Leuten verabschiedet hatte, folgte Lucas ihm heimlich. Er wollte sehen, was dieser beliebte Prediger als Nächstes tun würde. Lucas war ein neugieriger Junge, was seinen Eltern gar nicht gefiel. Sicher warteten sie schon auf ihn. Und sicher würde sich Lucas später eine Strafpredigt anhören müssen. Doch jetzt war ihm das egal. Lucas sah, wie sich der Rabbi in die Höhle zurückzog. Lucas kannte sie gut, er war dort schon mit seinen Freunden gewesen. Aus der Höhle hatte man einen guten Überblick über den See. Sie schützte vor der Sonne, wenn es heiß war, und bei schlechtem Wetter war sie genauso wertvoll. Vor allem aber verirrte sich kaum jemals ein Mensch dorthin. Da die Höhle jetzt besetzt war, hockte sich Lucas auf einen Stein oberhalb des Unterschlupfs. Hier konnte der Rabbi ihn nicht sehen, er allerdings konnte den Rabbi auch nicht sehen. Lucas wartete, doch nichts geschah. Der Rabbi blieb in der Höhle, stundenlang.

Mitten in der Nacht wachte Lucas auf. Der Wind hatte ihn geweckt, und es war kalt geworden. Lucas rieb sich die Augen und schaute auf den See. In der Dunkelheit konnte er ein Fischerboot erkennen, das auf dem See vom Wind hin und her geworfen wurde. Fast gleichzeitig sah er, wie der Rabbi auf den See zuging. Lucas bemühte sich, ihm mit den Augen zu folgen, was in der Nacht nicht einfach war. Dann geschah etwas Merkwürdiges: Der Rabbi blieb nicht stehen. Er blieb einfach nicht stehen. Schließlich sah es so aus, als würde er auf dem See weitergehen. Er schwebte nicht, er setzte einen Fuß vor den anderen. Und er ging ganz mühelos, während das Boot bedenklich hin- und herwogte. Lucas rieb sich erneut die Augen, schüttelte den Kopf und setzte sich in die Höhle.

Als er dort angekommen war, blickte er wieder auf den See. Jetzt sah er, wie ein Mann aus dem Boot kletterte und vorsichtig auf den Rabbi zuging. Zwei Männer auf dem Wasser! So unheimlich der Anblick war: Lucas lachte wie schon am Nachmittag vor Ver-

gnügen laut auf und sagte zu sich selbst: „Na sicher! Das Himmelreich ist da. Ha!" Doch auf einmal versank der Mann, der aus dem Fischerboot gestiegen war, im See. Lucas stockte der Atem.

In der Höhle spürte er den Wind nicht mehr, aber die Bäume draußen wankten wie Betrunkene. Der Sturm wurde immer heftiger. Noch immer stand der Rabbi auf dem See wie ein Fels in der Brandung. Er zog den anderen Mann mit seiner rechten Hand aus dem tobenden Wasser und führte ihn zum Schiff zurück. Lucas trat aus der Höhle heraus, um besser sehen zu können. Er merkte, dass sich der Wind schlagartig gelegt hatte. Lucas sah nur noch, wie das Boot weiterfuhr. Langsam ging er nach Hause zurück. Es war höchste Zeit.

„Es ist wieder wie damals", dachte Lucas. Aber diese Stürme waren auf dem See nichts Ungewöhnliches. Lucas wischte sich noch eine letzte Träne aus dem Gesicht. Er hatte sich vorgenommen, nicht mehr zu weinen. Nicht aus Selbstmitleid.

Seitdem die Römer den Tempel zerstört hatten, war alles noch viel schlimmer geworden. Viele Juden hatten ihre Hoffnung verloren. Für sie gab es nur noch den Widerstand. Lucas verabscheute Gewalt. Aber er konnte die Zeloten nicht verurteilen. Wieder musste er an den Rabbi denken. Er hatte alle selig genannt, die keine Gewalt anwenden. Das Land würde gerade diesen Menschen gehören. Tausende hatten die Botschaft gehört. Einige von ihnen, das wusste er sicher, waren in den Untergrund gegangen, um gegen Rom zu kämpfen. Dann dachte Lucas an das, was er in jener Nacht gesehen hatte. Und er dachte an seinen Vater, der ihn damals schon erwartet hatte.

„Wo bist du gewesen, wo bist du schon wieder gewesen? Deine Mutter und ich haben uns den ganzen Abend und die halbe Nacht Sorgen gemacht. Immer treibst du dich herum. Du hättest mir bei der Arbeit helfen können, es war so viel zu tun."

„Ich habe dem Rabbi zugehört, alle haben dem Rabbi zugehört. Dem Rabbi, von dem alle Welt redet!"

„Alle Welt redet vom Rabbi, und der Rabbi redet auch nur."

„Aber er redet nicht nur, er – er ist heute Nacht auf dem See gelaufen und hat einen anderen Mann gerettet, der untergegangen war! Er hat ihn während des Sturms aus dem See gezogen. Und der andere Mann ist vorher auch auf dem See gegangen, aber nur ein bisschen. Dann ist er im See versunken wie ein leckes Boot."

„Wer nicht schwimmen kann, der geht unter. Aber niemand, niemand, niemand geht auf dem Wasser. Nichts als Sorgen machst du uns. Jetzt leg dich in deine Ecke und schlaf, bald schon bricht der Morgen an."

Lucas saß weiter in seiner Höhle und beobachtete zwei Fischerboote auf dem See. Der Wind spielte mit ihnen, und Lucas konnte die Angst der Fischer förmlich spüren. Aber er kannte den See und den Wind. Er wusste, dass sich der Sturm bald legen würde. Lucas hatte in seinem langen Leben gelernt, dass es hier im Land zwei Mächte gab, die sich jederzeit auf das Recht des Stärkeren berufen konnten: den See und die Römer. Beide waren unberechenbar. Der See allerdings kam ihm sanft wie ein junges Lamm vor, wenn er ihn mit den Besatzern verglich. Lucas nickte dem See zu wie einem alten Bekannten, denn das war er.

Niemand hatte ihm je geglaubt, wenn er von dem Rabbi auf dem Wasser erzählt hatte. Irgendwann hatte Lucas dann aufgehört, von jener Nacht zu erzählen, wenn er wieder auf Wanderschaft war und mit Fremden ins Gespräch kam. War es ein Wunder, dass die Leute ihn für einen Spinner hielten? Er konnte ja selbst kaum glauben, was er damals erlebt hatte. Doch seit seiner Kindheit wusste er, dass hier am See ungewöhnliche Dinge geschahen. Sein Freund Samuel hatte einmal eine Münze im Maul eines Fisches gefunden. Und Lucas selbst war Zeuge, als der unbeliebteste Mann der Gegend zum Retter wurde.

Es war einige Wochen nach der Predigt des Rabbis am See gewesen. Lucas spielte mit seiner Schwester am Ufer des Sees. Die Kinder sammelten möglichst flache Steine und warfen sie so auf den See, dass sie einige Male auf dem Wasser hüpften, bevor sie versanken. Während sie nach neuen Steinen

Ausschau hielten, verlor Lucas die kleine Sarah aus den Augen. Nach einigen Minuten fiel ihm seine Schwester wieder ein. Lucas schaute nach rechts und nach links und nach oben auf die Hügel, aber von Sarah fehlte jede Spur. Nie im Leben wäre sie allein nach Haus gegangen. Lucas starrte auf den See. Er wusste, was passiert war. Er konnte nicht schwimmen, und weit und breit war niemand da, den er um Hilfe bitten konnte. Lucas zitterte am ganzen Körper. „Es ist meine Schuld", dachte er. Ihm fiel der Rabbi ein, wie er während des Sturms auf dem See gegangen war, und seine Gedanken wurden zum Gebet.

Da kam ein Mann ans Ufer gestürmt und sprang in den See. Lucas konnte nicht erkennen, wer es war, er hatte nur einen Gedanken: Jetzt wird alles gut. Als der Mann wieder auftauchte, war er völlig außer Atem. Er keuchte schwer. Lucas hatte das Gefühl, er würde ihm kurz zunicken, bevor er wieder untertauchte. Nie wieder in seinem ganzen Leben sollte Lucas eine solche Furcht spüren. „Die Folter der Römer kann nicht schlimmer sein als diese Ungewissheit", dachte er.

Doch nie wieder hat er etwas Vergleichbares erlebt wie die Erleichterung, als der Unbekannte erneut auftauchte – mit Sarah auf den Schultern. Der Mann schleppte sich ans Ufer. Er hatte sich völlig verausgabt. Sarah rührte sich nicht. Als der Retter am Ufer angekommen war, legte er Sarah vorsichtig auf den steinigen Boden. Lucas schaute auf seine Schwester und auf den Mann, der sie aus dem See gezogen hatte. Längst hatte er ihn erkannt. Auch er war bei der Predigt des Rabbis dabei gewesen, aber niemand hatte ein Wort mit ihm gewechselt. „Er ist ein Zöllner", hatte Samuel Lucas zugeflüstert, „ein mieser Blutsauger, sagt mein Vater. Er heißt Andreas."

Sarah bewegte sich. Sie hustete leicht, dann kam ein gewaltiger Wasserschwall aus ihrem Mund. Sie atmete. Sie atmete wieder! Lucas schaute Andreas mit großen Augen an. Andreas nickte ihm zu und verschwand.

Lucas lächelte, so als würde Andreas jetzt vor ihm stehen. Es war, wie er vermutet hatte: Der Sturm war vorüber. Lucas dachte über alles nach, das er hier am See erlebt hatte. Auf einmal fühlte er sich nicht mehr alt. „Wenn das Himmelreich damals schon angebrochen war", dachte er, „wo ist es dann jetzt? Von den Römern zusammen mit dem Tempel niedergebrannt und nur noch eine Ruine unserer Hoffnungen? Wenn es damals in unseren Herzen war, dann werden die Römer dort nicht hinkommen, niemals."

Lucas verließ seine Höhle und ging auf den See zu. Kurz vor dem Wasser blieb er stehen. Lucas schaute auf den See. „Bald bricht der Morgen an", sagte er zu sich selbst und zupfte an seinem Bart. Vorsichtig, ganz vorsichtig setzte Lucas einen Fuß auf den See …

*Die Eremos-Höhle*

## Die Krone vor der Höhle

Ich bin der Höhle schon bei meiner ersten Reise ins Heilige Land ganz nah gekommen. Doch damals war mir nicht klar, dass ich alles hätte daransetzen müssen, dieses spirituelle Kraftfeld aufzusuchen. „Eremos-Höhle" wird der Unterschlupf oberhalb von Tabgha im unteren Teil des Bergs der Seligpreisungen genannt. Der Name verweist auf die Eignung des Ortes für Leute, die ihre Ruhe brauchen, die sich mal eben absondern wollen. Auch Jesus war in diesem Sinn ein Teilzeit-Eremit.

Meine Reisegruppe hatte damals den Trampelpfad von der Barluzzi-Kirche hinunter nach Tabgha benutzt – einen traumhaften Spazierweg durch die blühende oder verdorrte Pflanzenwelt Galiläas. Je nach Jahreszeit eben. Der Pfad führt an der Felsenhöhle vorbei, die dann auf der linken Seite liegt. Ein Baum, der aus der Höhle herauswächst, macht sie unverwechselbar.

Schon die Pilgerin Egeria hat um 383 n. Chr. von der Höhle berichtet. In neuerer Zeit war es Pater Bargil Pixner, der sich vom Geist des Ortes fesseln ließ und mit seiner Begeisterung wieder andere begeisterte. War das hier wirklich Jesu geheimer Rückzugsort, den der Sohn Gottes für die Zwiesprache mit seinem Vater benutzte (vgl. Mk 1,35)?

Lukas schildert, dass Jesus eine ganze Nacht auf einem Berg im Gebet verbringt (vgl. Lk 6,12). Anschließend ruft er seine Jünger zu sich, um aus ihnen die zwölf Apostel auszuwählen (vgl. Lk 6,13-16). Es ist gut vorstellbar, dass das in und an der Eremos-Höhle geschah, vor der man ohne Weiteres eine größere Zahl von Menschen versammeln konnte. Und dass man hier unbeobachtet war, wird auch in diesem Fall von Vorteil gewesen sein. Sicher: Es gibt noch andere Höhlen, noch andere einsame Plätze am See Genezareth. Aber es gibt Argumente, die für die Eremos-Höhle als Jesus-Höhle sprechen: die Entfernung nach Kafarnaum, die nicht mal eben in fünf Minuten zu bewältigen war, die Nähe zum traditionellen Ort der Bergpredigt und, nicht zuletzt, das für gewöhnlich untrügliche Gespür eines Bargil Pixner.

*Blick in die Eremos-Höhle*

Ein einsamer Ort ist die Eremos-Höhle noch immer. Pilger und Touristen haben hier am See die freie Auswahl, wenn es um überlieferte Stätten aus dem Leben Jesu geht. Ein Loch im Berg, an dem nicht einmal ein Echtheitszertifikat pappt, wird da im Zweifelsfall eben links liegen gelassen. Aber Menschenaufläufe entsprechen auch so gar nicht dem Geist dieses Ortes. Und wie das so ist mit Geheimtipps: Jeder, der einen exklusiven Platz liebt, ist froh über jeden, der ihn nicht kennt. Trotzdem schreibe auch ich über die Eremos-Höhle, schon richtig. Aber hängen Sie's nicht an die große Glocke.

Wenn man sich die Erhabenheit der Kommunikation vergegenwärtigt, die hier stattgefunden haben mag, kann einen der Mut verlassen. Nein, betreten Sie die Höhle lieber nicht mit der Erwartung großer Erkenntnisse oder strahlender Erleuchtungen. Demut wäre

ein Anfang, Stille eine gute Voraussetzung. Der Rest kommt von selbst.

Was soll ich sagen: Es ist einer der richtig heißen Tage, als ich mich mittags von Tabgha her der Eremos-Höhle nähere. Fast 40 Grad, und das im Oktober! Doch die Vorfreude ist größer als der Durst. Zum ersten Mal werde ich gleich allein in der Höhle sitzen – wie sich das gehört. Wenn nicht schon jemand da ist. Doch ich habe Glück. Von der Seeuferstraße sind es nur ein paar Schritte bergauf bis zur Höhle, in der man es sich auf einer Holzbank sogar relativ bequem machen kann. Abgebrannte Teelichter erzählen davon, dass auch die Abende hier ihren Reiz haben. Richtig unschön sind allerdings die Plastikbecher, die jemand direkt vor der Höhle entsorgt hat. Ich schaue auf den See und stelle mir vor, wie es wohl früher war; als es zwar die Via Maris gab, aber keine Straße mit Autos. Als es zwar Fischer bei Tabgha gab, aber keine Kirche als Pilgerziel. Und keinen Plastikmüll auf diesem Berg. Ich stelle mir vor, wie es nachts in dieser Höhle ist. Wenn es kälter wird, wenn der Wind weht, wenn vielleicht ein Sturm aufzieht. Ich merke, dass die Höhle zwar Schatten spendet, dass es angesichts der aktuellen Mittagshitze aber nicht wirklich kühl wird. Unzählige Gedanken tanzen in meinem Kopf, sie alle wollen in dieser kostbaren Stunde meine Aufmerksamkeit. Natürlich weiß ich, dass es das Beste wäre, den Tanz der Ideen umgehend zu beenden.

Auf einmal fällt mein Blick auf den Stacheldraht, der mir schon bei meinem Aufstieg zur Höhle aufgefallen war. Rostiger, brauner Stacheldraht, vor der Höhle, neben der Höhle. Und dann der plötzliche Anflug einer Einsicht, einer möglichen Antwort auf eine Frage, die zu stellen ich gar nicht gewagt hätte: Was mag Jesus gedacht haben, wenn er allein hier am See saß?

Die Dornenkrone! Er wird sein irdisches Leben auch an diesem herrlichen Ort unter der Perspektive des gewaltsamen Endes auf Golgatha bedacht haben. Alles andere macht auch keinen Sinn. Die Eremos-Höhle ist kein Platz für einen geistigen Wellness-Urlaub. Nicht für Ihn, nicht für uns. Sie werden hier Stürme erleben, und zwar handfeste auf dem See Genezareth und unsichtbare in Ihrem Kopf und Ihrem Herzen. Nein, Sie können trotz des Idylls, trotz der grandiosen Aussicht das Kreuz nicht wegdiskutieren. Er konnte es auch nicht.

## Ruhe im Sturm

Nicht jede Ruhe
ist die Ruhe vor dem Sturm.
Diese allerdings ist der Normalfall.
Die Ruhe nach dem Sturm ist trügerisch.
Die Ruhe im Sturm aber
ist eine Schwester der Ewigkeit.
Sie kommt von Gott.

*aufgeschrieben am 10. Oktober 2011
in der Eremos-Höhle*

*Blick aus der Eremos-Höhle
auf den See*

# Legion

Die Jünger werden irritiert gewesen sein, wenn nicht sogar total perplex. Der Meister hatte unmittelbar nach der sogenannten Seepredigt, von der im Kapitel „Gefällt mir!" die Rede sein wird, eine Fahrt vom Westufer des Sees ans gegenüberliegende Ufer vorgeschlagen. Ins Heidenland, wo zehn Städte unter dem Oberbegriff Dekapolis eine politisch-geografische Einheit bildeten. Was wollte Jesus, der jüdische Prophet, hier im Herrschaftsgebiet dämonischer Mächte?

Die Überfahrt steht unter keinem guten Stern. Ein heftiger Wirbelsturm füllt das Boot, in dem Jesus hinten auf einem Kissen liegt und schläft, mit Wasser. In größter Not wecken die Apostel den Herrn. Markus schildert den Fortgang der Ereignisse so: „Da stand er auf, drohte dem Wind und sagte zu dem See: Schweig, sei still! Und der Wind legte sich, und es trat völlige Stille ein" (Mk 4,39). Und während die Jünger sich wundern, dass Wind und See ihrem Anführer gehorchen, wissen die Mächte der Unterwelt spätestens jetzt, dass der Sohn des Höchsten im Anmarsch ist. Die Konfrontation ist unausweichlich.

Im Gebiet von Gerasa, so schreiben Markus und Lukas, legt das Boot an (vgl. Mk 5,1, Lk 8,26). Bei Matthäus ist vom Gebiet von Gadara die Rede (vgl. Mt 8,28); auch sonst weicht die Geschichte beim ersten Evangelisten von den Schilderungen der beiden anderen ab. Markus und Lukas beschreiben, dass Jesus sofort von einem Besessenen bestürmt wird, dem ein Dämon eine unheimliche Kraft verliehen hat. Die Evangelisten nennen ein weiteres Detail, das die jüdische Besuchergruppe extrem verstört haben muss: Der Mann hauste in Grabhöhlen.

Jesus fragt den unreinen Geist, wie er heißt. Die Antwort: „Mein Name ist Legion; denn wir sind viele" (Mk 5,9). Die Dämonen wissen, dass sie gegen den Gottessohn keine Chance haben. Sie bitten Jesus aber, in der Gegend bleiben zu dürfen und schlagen ihm vor, sie in eine Schweineherde einfahren zu lassen, die in der Nähe an einem Berghang lagert. Jesus gestattet es. Die unreinen Geister rasen in die Schweine, und die Herde stürzt sich den Abhang hinunter in den See. Markus spricht von etwa 2000 Tieren (vgl. Mk 5,13); bei Lukas und Matthäus, der im Übrigen zwei Besessene erwähnt, ist lediglich von einer großen Herde die Rede. Jesus und die Jünger dürften nie zuvor ein Schwein gesehen haben, da diese Tiere im Judentum als unrein gelten und im Galiläa des 1. Jahrhunderts wohl nicht vorkamen. Und nun gleich 2000 Schweine, die sich in den See Genezareth stürzen.

Wo fand der berühmte Exorzismus statt? Eine genaue Lokalisierung des Ortes ist schwierig. In der Bibel ist mal von Gerasa,

*Der Nationalpark Kursi*

mal von Gadara die Rede; in einzelnen Handschriften wird auch noch Gergesa genannt. Die Erwähnung von Gerasa beruht wohl auf einem Irrtum, denn die heutige Stadt Jerash in Jordanien liegt 50 Kilometer vom See entfernt; viel zu weit weg also, um Schauplatz der Heilung des Besessenen gewesen zu sein. Gadara ist das heutige Umm Qais in Jordanien, runde zehn Kilometer vom See Genezareth entfernt. Es verfügte aber immerhin über einen eigenen Hafen am See. Die Lesart Gergesa geht auf den frühen Kirchenlehrer Origenes zurück.

Schon früh wurde in Kursi am See an die denkwürdige Heilung erinnert; allerdings war der Ort wie so viele andere über Jahrhunderte wie vom Erdboden verschluckt. Ist Kursi das Gergesa der Bibel?

Mein Fotograf Ulli und ich sind auf dem Weg nach Kursi, um uns selbst ein Bild zu machen. Wir finden den Nationalpark nicht auf Anhieb, denn sonderlich gut ausgeschildert ist er nicht. Hier am Ostufer liegen die Schauplätze der Wunder Jesu eben nicht direkt nebeneinander wie auf der anderen Seeseite. Man muss sich immer wieder vergegenwärtigen, dass das hier zur Zeit Jesu Heidenland war, in das sich eigentlich kein Jude verirrt hat. Und so ist Kursi im 21. Jahrhundert ein eher exklusiver Platz abseits der ausgetretenen Touristenpfade.

Wir schauen uns zunächst in den Überresten einer byzantinischen Klosteranlage mit Basilika um. Das Kloster wurde im 5. Jahrhundert erbaut und erst in den Siebzigerjahren des vergangenen Jahrhunderts bei Straßenbauarbeiten zufällig wiederentdeckt. Es ist eine erstaunlich ausgedehnte Anlage. Eine steinerne Schutzmauer umgibt ein Grundstück von 145 mal 123 Metern. Im Zentrum des Geländes stand eine dreischiffige Basilika, deren Boden einst mit bunten Mosaiken bedeckt war. Im Südflügel befand sich die Taufkapelle, im Nordflügel gab es eine Ölpresse. Zum Kloster gehörten auch eine Herberge für Pilger und sogar ein Badehaus. Wir sind beeindruckt angesichts der Bedeutung, die dieser Platz offensichtlich einmal hatte.

Oberhalb des Klosters hat man eine Kapelle entdeckt, die noch älter sein muss als die

*Das Kloster von Kursi*

Klosteranlage von Kursi. Die Überreste der Kapelle hat man bei einem Felsen gefunden, der schon immer die Neugier der Forscher geweckt und die Fantasie der Pilger angeregt haben soll. Das also ist der Ort, wo einer alten Tradition nach die Schweine mitsamt der Dämonen-Legion grunzend ins Wasser gesprungen sind. Wir steigen den Hügel hinauf und sehen uns die Ruinen an. Auch hier gibt es Mosaikfußböden; Darstellungen von Schweinen hat man allerdings nicht gefunden. Für den Ort sprechen dagegen sicher die Höhlen in der Nähe. Der Besessene soll sich ja in Grabhöhlen einquartiert haben.

*Ein Treppenaufgang führt zu den Überresten der Kapelle (folgende Doppelseite)*

Was aber Anlass zu höchster Skepsis gibt, ist die Entfernung zum See. Einige Hundert Meter. Und der Abhang ist noch dazu ziemlich flach. Auch wenn das Seeufer früher ein bisschen näher an der Klippe war, muss man doch eingestehen: Es ist verdammt weit weg. Aber wir sind ja jetzt mit dem Manager des Nationalparks Kursi verabredet, dem natürlich zu wünschen wäre, dass er nicht am falschen Ort arbeitet.

Nissim Mazig ist ausgesprochen publicityscheu. Seine eigenen Bücher würde er unter einem Pseudonym veröffentlichen, verrät er uns; da müsse in diesem hier nun wirklich nicht sein Gesicht auftauchen. Nun wissen Sie, warum wir kein Foto von dem Mann haben.

In seiner Studienzeit hat sich Nissim Mazig intensiv mit der Geschichte des Christentums beschäftigt. Als ein Manager für den Nationalpark Kursi gesucht wurde, hat er sich beworben. Ich frage ihn: „Mögen Sie die Arbeit?"

*Höhle oberhalb von Kursi*

„Es ist der beste Job der Welt, weil man fast jeden Tag mit den wichtigen Fragen des Lebens konfrontiert wird."

„Hier am See sind so viele heilige Orte. Was ist das Besondere an diesem?"

„Wenn man morgens hierher kommt, spürt man die spezielle Kraft des Ortes. Wenn man sich hier hinsetzt, wird alles ganz leicht."

„Was für Leute besuchen Kursi?"

„Es kommen Nichtchristen, die meditieren und Yoga machen. Und Christen führen hier vor allem am Morgen Exorzismen durch."

„Warum kommen denn Nichtchristen hierher?"

„Manche Orte sind speziell, da ist es egal, was du bist. 1999 war der Dalai Lama mein Gast. Es ist eben ein spezieller Ort mit einem besonderen Geist."

„Und wie häufig werden Exorzismen durchgeführt?"

„Fast jeden Morgen. Ich sehe mir das aus der Ferne an. Nicht etwa, weil ich Angst vor dem Teufel hätte. Aber die Leute sollen sich ungestört fühlen."

„Glauben Sie denn, dass es den Teufel und Dämonen wie Legion gibt?"

„Ich glaube nur, dass Jesus hier war. Das ist der Ort. Man hat die Kirche am richtigen Platz gebaut."

„Manche Experten sagen aber: Der Fels bei der Kirche ist einfach zu weit vom See entfernt. Was sagen Sie diesen Leuten? Ist der See nicht zu weit weg?"

„Um 2000 Schweine zu weiden, braucht man Platz. Gehen Sie zu einer Farm und schauen Sie sich 2000 Schweine an. Dann kommen Sie zurück und Sie werden verstehen. Die Lösung steht bei Markus, der von den 2000 Schweinen berichtet. Die Bibel nennt so eine Zahl nicht ohne Grund. Vielleicht erwähnt Markus die Zahl 2000 wegen Ihrer Frage. Vielleicht. Es ist die richtige Frage. Aber für 2000 Schweine braucht man nicht weniger als 300 Meter."

Nissim Mazig hat sich also offensichtlich tiefschürfende Gedanken gemacht über den exakten Ablauf der Ereignisse; da ist nicht etwa ein Schwein nach dem anderen gesittet in den See gehüpft, es war vielmehr eine regelrechte Schweinelawine. Viel lässt sich gegen diese Argumentation erst einmal nicht einwenden. Wir verabschieden uns von Mazig und einem der geheimnisvollsten Orte am See Genezareth.

Als Jesus nach seinem ersten Besuch im Heidenland wieder in See sticht, hat er sich in der Dekapolis innerhalb kürzester Zeit bereits einen Namen gemacht. Die Heilung des Besessenen hat erhebliches Aufsehen verursacht. Die örtlichen Schweinezüchter dürften ihn gefürchtet haben wie der Teufel das Weihwasser. Und so hatte Jesus das zweifelhafte Vergnügen, von den Bewohnern der Gegend persönlich zum Abzug aufgefordert worden zu sein (vgl. Mk 5,14-17). Anders verhält es sich mit dem Mann, den Jesus geheilt hat. Er will sich dem jüdischen Heilsbringer anschließen, doch Jesus lehnt ab. Ein Heide im Kreis der Jünger wäre für seine Landsleute eine zu große Zumutung gewesen. Aber Jesus hat eine andere Idee: Er macht den Mann, der gerade eben noch ein Besessener mit dem Hang zur Selbstverletzung war, zum ersten Heidenmissionar, der seiner Familie alles erzählen soll. Der Beauftragte beweist, dass Jesus wieder einmal auf den Richtigen gesetzt hat: „Da ging der Mann weg und verkündete in der ganzen Dekapolis, was Jesus für ihn getan hatte, und alle staunten" (Mk 5,20).

*Blick auf Kursi*

## Die Suche geht weiter

Dieser Ort ist anders als andere am See: kein gepflegtes Freilichtmuseum, keine moderne Kirche über einem heiligen Felsen. Das alte Magdala ist vor allem eine Ausgrabungsstätte, in der viele Archäologen und noch mehr freiwillige Helfer ungezählte Schweißtropfen vergossen haben und noch vergießen werden.

Ulli und ich fahren von unserem Standort Tiberias nach Magdala. Ulli am Steuer des Mietwagens meistert die sechs Kilometer bis zum Ziel inzwischen so routiniert wie ein einheimischer Taxifahrer. Das moderne Migdal auf der linken Seite interessiert uns heute nicht, wir nehmen einen Abzweig nach rechts, und nach kurzer Zeit sind wir in einer anderen Welt angekommen. Hier wird eine komplette Stadt aus dem 1. und 2. Jahrhundert ausgegraben. Eine Stadt, von der man wohl sicher sein kann, dass Jesus sie betreten hat – auch wenn sich im Neuen Testament erstaunlicherweise kein direkter Hinweis darauf findet. Eins aber kann man mit Sicherheit sagen: die berühmteste Jüngerin Jesu hat hier gewohnt, die Frau, der Jesus nach seiner Auferstehung vor allen anderen erschienen ist (vgl. Joh 20,11-18): Maria Magdalena.

Direkt vor uns liegt das aktuelle Grabungsfeld, in dem die Volunteers im Schweiße ihres Angesichts für die Wissenschaft schuften. Freiwillige werden hier immer gesucht, und später wird man Ulli sagen, dass man gerade ihn mit seinen 2,02 Metern hervorragend gebrauchen könnte. Mit seinen langen Armen wäre er bestens geeignet, die Eimer mit dem Schutt der Jahrtausende aus der Tiefe nach oben zu wuchten. Es gibt viel zu tun im alten Magdala, das zur Zeit Jesu weit mehr war als eine Ansammlung von ein paar Häusern.

Vor der Gründung von Tiberias war Magdala die bedeutendste Stadt am Westufer des Sees. Der jüdische Geschichtsschreiber Flavius Josephus, der im 1. Jahrhundert vom Kämpfer gegen Rom zum Überläufer wurde, berichtet von 40000 Einwohnern Magdalas. Eine maßlose Übertreibung, natürlich. Aber sie zeigt den Stellenwert der Stadt, deren Einwohner vor allem durch den Handel

*Volunteers bei der Arbeit in Magdala*

mit gepökeltem Fisch zu Wohlstand gekommen waren. Schon der ursprüngliche hebräische Ortsname Migdal Nunaja („Turm der Fische") verweist auf eine Verbindung der Stadt zur Fischerei, ebenso ihr griechischer Name Tarichea („Fischpökelei"). Magdala hatte einen eigenen Fischereihafen mit großer Flotte und hat sich ansonsten als Zentrum der Fischverarbeitung und Handelszentrum mit günstiger Lage an der Via Maris einen Namen gemacht.

Heute buddeln Franziskanerarchäologen, die Israelische Altertümer-Verwaltung sowie zwei mexikanische Universitäten, die im Auftrag der Legionäre Christi vor Ort sind, Stück für Stück das antike Magdala aus. Die Zuständigkeiten sind klar abgegrenzt, auch wenn man in einzelnen Fragen eng zusammenarbeitet. Die Legionäre hoffen, dass Magdala in absehbarer Zeit zu den Hauptattraktionen am See Genezareth gehören wird.

Ausgerechnet bei den Bauarbeiten für ihr Pilgerzentrum „Magdala Center" kam es zu einer der wichtigsten Entdeckungen der jüngeren Archäologiegeschichte des Heiligen Landes. Die Bagger stoppten sofort, als man im Jahr 2009 auf alte Steine stieß. Unverzüglich untersuchte die Altertümer-Verwaltung den Boden; und fand nicht weniger als die Synagoge aus der Zeit Jesu. Wie schon gesagt: Nirgendwo im Neuen Testament wird explizit erwähnt, dass Jesus sich in Magdala aufgehalten hat. Die Evangelien berichten allerdings davon, dass er durch ganz Galiläa zog und in den Synagogen lehrte (vgl. Mt 4,23, Mk 1,39). Und dann soll der Gottessohn mit festem Wohnsitz in Kafarnaum nicht in Magdala gewesen sein? Thema erledigt, würde ich sagen.

Arfan Najar, Archäologe im Dienst der Israelischen Altertümer-Verwaltung, zeigt uns die Überreste der Synagoge im Norden des Ausgrabungsgeländes. Er war schon 2009 für das Gelände verantwortlich, darf sich also guten Gewissens als Mitentdecker der kostbaren Ruine fühlen. Die Synagoge ist durch ein provisorisches und relativ niedriges Dach geschützt. Ich sage dem 2,02 Meter langen Ulli noch, dass er bloß auf seinen Schädel aufpassen soll und stoße dann selbst mit dem Kopf gegen ein Brett. So kann's gehen.

„Die Entdeckung der Synagoge hat alles in mir verändert", verrät uns Arfan Najar, „als ich nach Magdala zum Graben geschickt wurde, dachte ich: Das ist wieder so ein Job, wie ich das seit 25 Jahren kenne. Ein neuer Ort, und nach spätestens zwei Monaten grabe ich woanders weiter." Dann kam die Synagoge dazwischen.

*Arfan Najar in der Synagoge*

*Die Synagoge im Mai 2012*

Vorsichtig gehen wir durch das alte Gebetshaus. Nicht aus Angst um unsere Schädel – der Ort entfacht einfach eine natürliche Ehrfurcht. Wenn Jesus hier war, dann hat er auch das Bodenmosaik gesehen, das wir gerade bestaunen. Neben Mosaiken hat man in der Synagoge von Magdala auch Fresken an den Wänden gefunden. Der quadratische Versammlungsraum, dessen Wände mit Sitzbänken aus Stein ausgestattet waren, hat eine Größe von 120 Quadratmetern. „Wir hatten sechs Synagogen aus der Periode vor der Zerstörung des Tempels im Jahr 70", erklärt der Archäologe, „das hier ist die siebte." Ich frage Najar, was das Besondere an der Synagoge von Magdala ist. Er zögert nicht lange und legt los: „Zum ersten Mal haben wir hier Mosaiken mit Rosetten und Blumen. Zum ersten Mal haben wir Fresken. Erstmalig haben wir einen außergewöhnlich großen Ein-

gang. Zum ersten Mal haben wir einen Stein, der außerhalb des Tempels von Jerusalem die Menorah zeigt, den siebenarmigen Leuchter. Es mag ermüdend sein, diese ganzen Premieren zu erwähnen. Aber es ist wahr. Es wird Jahre dauern, das alles zu verstehen."

Und was den erwähnten Stein angeht, ist zu befürchten, dass man mit ein paar Jahren nicht auskommt. Als man den üppig verzierten Steinquader fand, stand er in der Mitte der Synagoge. Inzwischen hat man das Original nach Jerusalem gebracht. In Magdala befindet sich derzeit eine Nachbildung. Auf der oberen Seite ist eine Rosette zu sehen, rechts und links daneben jeweils eine Palme. Die Frontseite zeigt dann die eigentliche Sensation: ganz außen Säulen, daneben je ein Tonkrug – und in der Mitte die Menorah, der siebenarmige Leuchter. Es soll sich um die älteste bisher bekannte Darstellung der Menorah im Tempel von Jerusalem handeln. Und viele Experten gehen davon aus, dass der Steinmetz das Original in der Heiligen Stadt noch mit eigenen Augen gesehen hat. Was er sich im Einzelnen bei der Gestaltung des Steins gedacht hat, wird man wohl nie restlos klären können.

Bei der Suche nach möglichen Spuren Jesu in Magdala sollte man auf jeden Fall die Geschichte des Synagogenvorstehers Jaïrus beachten. Markus und Lukas nennen keinen exakten Ort, sie schreiben lediglich, dass Jesus und seine Jünger mit ihrem Boot nach der Heilung des Besessenen in der Dekapolis wieder am Westufer des Sees eintreffen. Hier

*Der geheimnisvolle Stein aus der Synagoge von Magdala*

empfängt Jaïrus Jesus mit der Bitte, seiner schwerkranken Tochter zu helfen. Jesus wird die Zwölfjährige am Ende aus dem Totenreich ins Leben zurückholen (vgl. Mk 5,21-43, Lk 8,40-56). Aus heutiger Sicht kommt kein Ort besser als Schauplatz dieses Wunders infrage als Magdala. Kafarnaum scheidet aus, da Jesus sich erst im Anschluss dorthin begibt (vgl. Mk 6,1).

Sosehr sich die Archäologen von Magdala über die Entdeckung der Synagoge gefreut haben – sie hoffen auf mehr. Zum Beispiel auf eine weitere Synagoge. „Es ist möglich, dass wir eine andere Synagoge mehr in der Mitte der Stadt finden", sagt mir allen Ernstes die mexikanische Archäologin Marcela Zapata Meza, die für den Bereich zuständig ist, den die Legionäre Christi beackern. Die Juden, sagt sie, hätten ihre Städte in der Regel um die jeweilige Synagoge herum gebaut: „Und die Synagoge, die wir jetzt gefunden haben, befindet sich am Stadteingang und nicht in der Mitte."

Marcela Zapata Meza hat schon als Kind davon geträumt, irgendwann als Archäologin nach Ägypten und Israel zu gehen. Heute lebt sie ihren Traum. 2008 war sie erstmals

*Marcela Zapata Meza*

als Pilgerin im Heiligen Land, und offensichtlich hat sie ihre Visitenkarte beim richtigen Mann hinterlassen: Pater Juan Solana, dem Leiter des Päpstlichen Instituts „Notre Dame of Jerusalem Center" und Initiator des Projektes „Magdala Center". Als 2009 in Magdala die Synagoge entdeckt wurde, erinnerte sich der Legionär Christi an Marcela. Ursprünglich wurde sie für zwei Monate ins Land geholt, jetzt ist sie immer noch da. „Wir kümmern uns um einen Bereich von drei Hektar", sagt die Professorin der Universidad Anáhuac México Sur, „und dabei wollen wir möglichst viele Informationen über die Leute zusammentragen, die hier im 1. Jahrhundert gelebt haben und in die Synagoge gegangen sind."

Eine Entdeckung des Teams von Marcela Zapata Meza wirft dabei fast so viele Fragen auf wie der geheimnisvolle Stein aus der Synagoge. Die Archäologen haben 2011 drei Mikwaot ausgegraben, jüdische Tauchbäder also. Doch obwohl diese Reinigungsbäder im 1. Jahrhundert eine Selbstverständlichkeit waren, hatte hier am See Genezareth niemand mit dem Fund gerechnet. „Die Historiker haben immer gesagt, dass man rund um den See keine Ritualbäder findet, denn die wichtigste Mikwe ist der See selbst", erläutert Marcela Zapata Meza, „der See ist rein, hier brauchten die Leute keine Mikwaot. Diese Theorie gab es die ganze Zeit über – und man hat ja auch keine Ritualbäder gefunden."

Die drei Tauchbäder von Magdala befinden sich in einem Wohngebiet zwischen antiken Häusern. Zwei sind durch eine Wand ge-

*Viel Arbeit für die Experten*

trennt, das dritte befindet sich auf der anderen Seite einer Straße. Sieben Steinstufen führen jeweils nach unten ins Bad. Die Mikwaot sind untereinander verbunden und wurden einst von Quellen gespeist. Eine Zisterne gab es allerdings auch. „Es ist das erste Mal, dass man in Israel Mikwaot gefunden hat, die mit Quellwasser versorgt wurden und nicht ausschließlich mit Regenwasser aus Zisternen", sagt Marcela Zapata Meza nicht ohne Stolz, „alle Ritualbäder in Israel bekamen ihr Wasser früher aus Zisternen." Noch eine Premiere also in der Stadt Maria Magdalenas. Und noch mehr offene Fragen. Wird man weitere Mikwaot am See finden? Ist die Theorie vom See als der ultimativen Mikwe erledigt? „Es wird Jahre brauchen, um der Wahrheit näherzukommen", sagt Marcela. Das kommt mir bekannt vor.

Eine Frage habe ich aber doch noch an die Mexikanerin: „Können wir von der Archäologie irgendwelche Informationen über Maria Magdalena erwarten?" Marcela Zapata Meza zögert keine Sekunde: „Ja! Wir haben zwei oder drei Quellen aus dem 4. Jahrhundert, die davon berichten, dass die Heilige Helena eine Kirche über dem Haus der Maria Magdalena errichtet hat. Die Altertümer-Verwaltung hat im Süden und Norden gegraben und nichts gefunden, die Franziskaner haben auch nichts gefunden. Die letzte Möglichkeit, die Kirche zu finden, ist in der Mitte des Ausgrabungsgeländes. Und mein Gefühl sagt mir, dass sie in der Nähe des Sees sein muss. Ich hoffe wirklich, dass wir die Kirche finden."

Um keine Frau im Neuen Testament ranken sich so viele Missverständnisse und Gerüchte wie um Maria von Magdala. Fakt ist aber auch, dass die Entdeckerin des leeren Grabs von Jerusalem (vgl. Mt 28,1-8, Mk 16,1-8, Lk 24,1-10, Joh 20,1f) schon in der frühen Kirche als apostola apostolorum („Apostelin der Apostel") verehrt wurde.

Bei allem, was die Welt angeblich so über Maria Magdalena weiß, muss man doch konstatieren, dass in der Bibel erstaunlich wenig über sie berichtet wird. Am ausführlichsten beschreibt Lukas den Weg Marias in den engeren Kreis um Jesus. Sie gehörte zu einer Reihe von Frauen, die Jesus geheilt hatte. Von sieben Dämonen hat Jesus die Frau aus Magdala nach Angaben des Evangelisten befreit. Maria und die anderen Frauen – Lukas schreibt, dass es viele waren – haben Jesus auch materiell unterstützt (vgl. Lk 8,1-3). Da Maria in der Bibel stets über ihre Herkunft definiert wird, vermuten Historiker gern, dass sie Witwe war, als sie Jesus begegnete – eine wohlhabende Witwe. Und vielleicht werden eines Tages die Ruinen eines Hauses davon Zeugnis ablegen, die man unter den Überresten einer Kirche aus dem 4. Jahrhundert finden wird.

*Magdala vom Berg Arbel aus fotografiert*

## Jordan ist Jordan

Es wird nicht gern gesehen, aber es passiert immer wieder: Fröhliche Menschen schwimmen ausgelassen in weißen Gewändern im Jordan, nachdem sie gerade getauft worden sind. Der Ort des Geschehens: die Taufstelle Yardenit am Jordan; hier strömt der Fluss aus dem See Genezareth. Die Geschichte dieses Platzes kann sich eigentlich kein Mensch ausdenken. Die Taufstelle wurde 1981 vom Kibbuz Kinneret mit Hilfe des Tourismusministeriums aus dem Boden gestampft. Noch heute wird diese Einrichtung, die sich logischerweise ausschließlich an ein christliches Publikum wendet, von dem Kibbuz betrieben. Durchaus mit einem kommerziellen Interesse im Hinterkopf: Zur Taufstelle gehört ein großes Restaurant, und der riesige Souvenirshop lässt keine Touristenwünsche offen.

Wann immer ich in Yardenit war, konnte ich Taufen beobachten. In der Regel stiegen ganze Gruppen aus allen Teilen der Erde ins Jordanwasser. Diesmal ist zwar nicht wenig los, doch es sind vor allem Osteuropäer, die die zahlreichen Taufbecken bevölkern. Die Russen und Ukrainer sind alle schon getauft, aber sie wollen das Wasser spüren, das auch Jesus bei seiner Taufe umschlossen hat. Ein Mann bekreuzigt sich nach der Art der Orthodoxen und schwimmt dann ein wenig in seinem weißen Gewand im grünlich schimmernden Jordan. Eine Frau füllt schnell noch Jordanwasser in Flaschen ab. Keine so gute Idee, denn das Wasser ist an dieser Stelle nicht gerade von erlesener Qualität.

Ich komme mit einer jungen Russin ins Gespräch. Auch sie ist nicht zu ihrer eigenen Taufe nach Yardenit gekommen, in den Jordan ist sie dennoch gestiegen. „Man taucht dreimal unter, bekreuzigt sich – dann kann man zu Hause was erzählen", sagt sie, „es ist ja heiliges Wasser. Getauft sind wir alle schon. Das Gewand hat 25 Dollar gekostet."

„Ganz schön viel für etwas, das man ja nicht so oft trägt", gebe ich zu bedenken.

„Ja, aber man soll es anziehen, wenn man krank ist. Dann wird man gesund."

„Sagt wer?" – „Unser Reiseleiter."

Dass die christliche Tradition die Taufe Jesu in der Nähe von Jericho verortet, stört niemanden wirklich in Yardenit. Jordan ist Jordan. Und die Einrichtung bietet einen Komfort, den es vor 2000 Jahren nicht gab: Umkleideräume, Duschen, mehrere bequeme Zugänge zum Fluss. Eine besondere Attraktion in Yardenit ist die „Mauer des Neuen Lebens". Auf Kacheln findet sich die Schilderung der Taufe Jesu bei Markus (1,9-11) in zahlreichen Sprachen von Afrikaans bis Zulu. Im Eingangsbereich befindet sich eine deutsche Version, neuerdings gibt es noch eine zweite innerhalb der Einrichtung.

Am Eingang begrüßt Anet Dargel die Taufkandidaten, die Touristen und ihre Guides, deren Gesichter sie seit vielen Jahren kennt. Dargel war schon dabei, als Yardenit 1981 eröffnet wurde. Ihre Lebensgeschichte kann man selbst mit ganz viel Fantasie nicht erfinden. In Frankfurt wurde sie geboren, die Eltern waren „wohl evangelisch". Es dauert ein bisschen, bis Anet Dargel ihre konfessionelle Herkunft aus den tiefsten Tiefen ihres Gedächtnisses herausgekramt hat. Der Vater sei nach dem Zweiten Weltkrieg „enttäuscht von Deutschland" gewesen, enttäuscht von einem Regime, das auch seiner Familie kein Glück gebracht hat. „Er hat mich in Richtung Judentum erzogen", sagt Dargel. Verstehen müsse man das nicht, fügt sie hinzu; zumal der Vater keineswegs konvertiert sei. Bei der Tochter war das anders. 1970 ging sie als 17-Jährige nach Israel – und wurde Jüdin. Sie lebt im Kibbuz Kinneret und arbeitet in Yardenit, für eine Institution also, deren Hauptzweck die Taufe von Christen aus aller Welt ist. Viel mehr Ironie geht nicht.

Dargel gehörte also schon 1981 zum Team: „Damals haben drei Frauen hier gearbeitet, heute hat die Taufstelle 50 Angestellte. Es gab seinerzeit auch nur einen einzigen Taufplatz." Im Kibbuz hätte es durchaus Widerstände gegen die Einrichtung der Taufstelle gegeben, erinnert sich die gebürtige Frankfurterin – allerdings nicht wegen des zu erwartenden Ansturms von Christen. „Man wollte sich einfach nicht an etwas Kapitalistischem beteiligen", meint Anet Dargel. Die Zeiten haben sich geändert: „600 000 Menschen kommen jedes Jahr zu uns. Damit steht

*Anet Dargel*

Kinneret im Ranking der Kibbuzim an erster Stelle, was die Einnahmen angeht. Das war früher nicht so und hat hauptsächlich mit der Taufstelle zu tun."

Anet Dargel hält die innere Spannung aus, die die Arbeit in Yardenit für eine Jüdin mit sich bringt. Nicht jeder schafft das. „Ich habe überhaupt keine Probleme", sagt sie, „aber ich hatte eine religiöse Kollegin, die aufgehört hat. Und es kommt vor, dass Juden skeptisch sind, wenn sie hören, dass ich hier arbeite. Was mich angeht: Religion und Hautfarbe sind nicht so wichtig. Ein Mensch sein, das ist die Hauptsache."

Vom Eingangsbereich gehe ich noch einmal durch den Souvenirladen nach draußen zum Fluss. Ich will jetzt eine Taufe miterleben – und wenn ich den ganzen Tag warten muss. Ich habe Glück. Eine amerikanische Gruppe steigt in den Jordan, und ich habe den Eindruck, dass hier wirklich alle getauft werden. Es sind Pfingstler, Angehörige der charismatischen Pfingstbewegung, für die die Erfahrung des Heiligen Geistes eine herausgehobene Rolle spielt. Bei ihnen werden in aller Regel Erwachsene getauft. Die Taufe dieser Pfingstler im Jordan ist ein Fest mit Gesang und Jubel, großem Ernst und überschäumender Freude. Mitreißend. Bewegend. Als auch der letzte Amerikaner aus dem Fluss gestiegen ist, spreche ich Pastor Joseph G. Richards an, der ursprünglich aus Liberia kommt und nun mit der US-Gruppe das Heilige Land bereist. Doch habe ich richtig gesehen, ist auch er getauft worden heute? „Ich habe getauft und habe mich taufen lassen", erklärt er, „es war für mich allerdings die zweite Taufe. Es war das größte Erlebnis meines Lebens."

*Pastor Joseph G. Richards*

*Die „Mauer des Neuen Lebens"*

# Gefällt mir!

Ob Jesus heute wohl bei facebook wäre? Zugegeben: Der Gedanke an einen Messias, der vor seinem Rechner sitzt und seine Botschaften in die Tasten hackt, hat wenig Erbauendes. Und doch würden Sie und ich auf das nächste Posting warten wie auf Weihnachten. 1:0 für das Internet. Trotzdem ist es irgendwie beruhigend, dass wir auf einen Jesus zurückblicken können, der während seiner irdischen Jahre durch die Bergwelt Galiläas gestreift ist, um mit Menschen aus Fleisch und Blut von Angesicht zu Angesicht zu sprechen. Wenig ist wünschenswerter, als dabei gewesen zu sein. Was bleibt, sind seine überlieferten Botschaften, und die hat Jesus auf unterschiedliche Weise unters Volk gebracht. Er hat sich ja durchaus einzelnen Menschen als der Verheißene offenbart, etwa der Samariterin am Jakobsbrunnen (vgl. Joh 4,5-26).

Zu großen Menschenmengen allerdings redete Jesus häufig in Form von Gleichnissen, und viele dieser bildhaften Geschichten wurden den Bewohnern Galiläas erzählt. Sie werden sie gut verstanden haben, denn diese Gleichnisse greifen oft genug auf die Erfahrungswelt der damaligen Bevölkerung am See zurück. So gibt es kurze Geschichten von Ackerbau und Fischfang, und die sogenannte Seepredigt, die Matthäus (Mt 13,1-53) und Markus (Mk 4,1-34) schildern, ist hierfür ein gutes Beispiel. Die vielbeschworene Tradition verlegt diese Ansprache in eine Bucht zwischen Kafarnaum und Tabgha, und nicht zuletzt war es Bargil Pixner, der sich vehement für diese Überlieferung stark gemacht hat. Der Benediktinermönch spricht völlig zu Recht davon, dass das Ufergelände in dem Bereich wie ein römisches Theater aussieht. Und Jesus hat dieses natürliche Theater in der „Bucht der Parabeln" mit Publikum gefüllt und für seine berühmte Predigt genutzt. In dieser Bucht soll Jesus von einem Boot aus gepredigt haben.

Jesus sitzt an jenem Tag am Ufer des Sees, als er von einer Menschenmenge umlagert und offensichtlich so sehr bedrängt wird, dass er in ein Boot steigt. Details schil-

*In dieser Bucht soll Jesus von einem Boot aus gepredigt haben*

dern uns die Evangelisten nicht. Vielleicht hatte der Messias einen „Steuermann", der das Schiff ein paar Meter vom Ufer wegbewegt hat.

Auf jeden Fall setzt sich Jesus hin, um in aller Ruhe und ausführlich einige Gleichnisse zu erzählen. Die besondere Akustik des Ortes muss ihm bekannt gewesen sein, denn er spricht lange zu den Leuten, die ihn offensichtlich gut verstehen. In unserer Zeit haben amerikanische und israelische Experten den speziellen Sound im Amphitheater am See Genezareth untersucht und festgestellt, dass man in der Tat vom See aus ohne Weiteres zu

einer größeren Gruppe sprechen kann. Auch Pixner hat seine Experimente gemacht. Natürlich.

Jesus erzählt seinen Zuhörern zunächst die Geschichte vom Sämann, dessen Körner zum Teil sofort von den Vögeln gefressen werden, zum Teil auf felsigen Boden oder in die Dornen fallen, wo die Saat keine Chance hat. Ein Teil der Körner aber fällt auf guten Boden, um in Hülle und Fülle Frucht zu bringen. Den Jüngern liefert Jesus später eine lupenreine psychologische Deutung, die keine Fragen offenlässt. Der Sämann sät das Wort Gottes. Und er muss damit rechnen, dass das Wort von Anfang an nicht beim Empfänger ankommt – wie eine E-Mail, die ungelesen gelöscht wird. Dann haben wir auf der anderen Seite die Menschen, die gleich erkennen, dass die Mail die Botschaft ihres Lebens enthält. Zwischen Schwarz und Weiß gibt es allerdings auch die Grautöne, die jeder kennt und die das Leben entlang der Ideallinie zu einer so schwierigen Aufgabe machen: „Auf felsigen Boden ist der Samen bei dem gefallen, der das Wort sofort hört und freudig aufnimmt, aber keine Wurzeln hat und unbeständig ist; sobald er um des Wortes willen bedrängt oder verfolgt wird, kommt er zu Fall. In die Dornen ist der Samen bei dem gefallen, der das Wort zwar hört, aber dann ersticken es die Sorgen dieser Welt und der trügerische Reichtum, und es bringt keine Frucht" (Mt 13,20-22). Die Zuhörer Jesu am See konnten mit der Bildersprache des Herrn sofort etwas anfangen; Felsboden und Dornengestrüpp am Wegesrand gehören hier zur Landschaft.

Viele Zeitzeugen in der Bucht der Parabeln werden Fischer oder Angehörige von Fischern gewesen sein. Was Jesus im Gleichnis vom Fischnetz (vgl. Mt 13,47-50) erzählt, kannten diese Menschen aus ihrem Alltag. Jesus vergleicht hier das Himmelreich mit einem Fischernetz, in dem sich gute und schlechte Fische ansammeln. Am Ufer werden die guten von den schlechten getrennt. Letztere waren gemäß der jüdischen Speisegesetze Fische ohne Flossen und Schuppen, die als nicht koscher galten – etwa der Wels. Auch heute wissen die Fischer am See genau, welche Fische sie fangen wollen und welche auf dem Markt besonders gefragt sind. Über die Größe der Maschen in den Netzen lässt sich der Fang steuern – anders als beim Netz für das Himmelreich, das erst einmal für alle bestimmt ist.

Ein besonders schönes Gleichnis, das jeder kennt, hat Jesus seinen Jüngern ebenfalls am See von Galiläa erzählt. Es handelt vom verlorenen Schaf (vgl. Mt 18,12-14), dem sein Besitzer hinterherjagt, während die 99 anderen halt mal auf sich selbst aufpassen müssen. So ist Gott: ein Gott der Hoffnung auch für die verirrten Schafe. Und während der berühmte „verlorene Sohn" (vgl. Lk 15,11-32) in sich geht und reumütig zum Vater zurückkehrt, kann sich das arme Schaf darauf verlassen, dass sein Besitzer ihm sogar in die hintersten Winkel Galiläas folgt. Was für eine Gnade! Bei facebook würde ich auf der Stelle „Gefällt mir" anklicken.

## Auf Seinem See

Bernie Trams, mit dem ich durch Bethsaida gestiefelt bin, hatte natürlich Recht. Der Hobby-Archäologe hatte mir gesagt: „Du solltest wirklich mal auf einem Fischerboot mitfahren. Manche Leute schreiben über den See Genezareth und waren nie mit einem Boot darauf unterwegs. Wenn du die Chance hast, mach das!" Am Ende hat Bernie dann selbst dafür gesorgt, dass ich einen Tag auf dem See mit Fischern verbracht habe, denn Bernie hat mich mit Menachem Lev bekanntgemacht.

Wir treffen Lev im Kibbuz Ein Gev am Ostufer des Sees Genezareth. Teddy Kollek, der spätere Bürgermeister von Jerusalem, gehörte im Jahr 1937 zu den Gründungsmitgliedern. Hier wird vor allem Landwirtschaft betrieben, aber auch der Fischfang spielt eine kleine Rolle. Darum bin ich hier. Menachem Levs Visitenkarte weist ihn als „Experten für das Frischwasser-Fischen" aus. Mein erster Eindruck vom Kapitän: ein tougher Typ, der seine Besatzung garantiert im Griff hat. Der Fischer sagt: „Die Leute behaupten, ich hätte das Gesicht eines Killers. Aber so bin ich nicht." Ich bin beruhigt.

Bei freiwilligen Helfern aus dem Ausland ist Ein Gev besonders beliebt; und so bin ich nicht überrascht, als ich höre, dass zwei deutsche Volunteers später mit an Bord unseres Bootes sein sollen. Einer allerdings

*Menachem Lev, der Kapitän*

verabschiedet sich, bevor wir in See stechen. „Ich habe höllische Schmerzen am Fuß", sagt er zu Kapitän Lev, „kann es sein, dass mich da ein Fisch gebissen hat und sich die Sache entzündet hat?" „Das kann sein, alles Mögliche kann sein. Damit gehst du zum Arzt", antwortet der Boss schroff. Die Besatzung schrumpft so auf acht Leute zusammen. Wir schleppen schnell noch ein paar Kanister mit Trinkwasser an Bord, dann kann es losgehen.

Unser Boot heißt Gil und ist über ein halbes Jahrhundert alt. Menachem ist seit über 30 Jahren sein Besitzer. Das Schiff ist etwa zwölf Meter lang – und so etwas wie sanitäre Einrichtungen sucht man vergebens. Ein bisschen Komfort gibt es dennoch. Unter Deck befindet sich eine Mini-Kombüse, in der der deutsche Volunteer Fabian gleich zu Anfang einen heißen und starken und schwarzen Kaffee zusammenbraut. „Fischerkaffee", lacht Menachem. Ich lasse mich auf einer der Holzbänke nieder, die im vorderen Bootsteil angeschraubt wurden. Ein kleines Dach haben wir auch – ein Stück Stoff, auf dem als Extra-Schutz vor der Sonne noch einige Palmzweige liegen. Schon jetzt weiß

*Unser Boot „Gil"*

ich, dass ich diesen Tag genießen werde. Ich suche das Ufer mit meinen Augen nach Orten ab, die ich kenne. Ich sehe Tiberias, die größte Stadt am See, in der es eine „Peterskirche" gibt. Ich sehe Ginnosar, wo Yuvi wohnt, der Entdecker des sogenannten Jesus-Bootes, sehe die schwarzen Mauern der Primatskapelle, die an eine denkwürdige Begegnung Petri mit seinem auferstandenen Herrn erinnert. Daneben das „Kirchen-Ufo" von Kafarnaum, unter dem sich das Haus des Petrus befindet. Dann suche ich instinktiv nach Bethsaida, nach dem Ort, in dem der bekannteste Fischer aller Zeiten geboren wurde.

Jetzt bin ich mit „Nachfolgern Petri" unterwegs; auf dem See, den der spätere Men-

schenfischer wahrscheinlich ähnlich gut kannte wie Menachem Lev. Das Team des Israelis ist eine bunt zusammengewürfelte Truppe aus jungen Kibbuzniks und ausländischen Freiwilligen. Es sind Menschen, die Handys haben und Internet, die Auto fahren und Kühlschränke benutzen. Aber hier auf dem See scheint die Zeit stillzustehen. Der Mensch, der Fisch, der See, das Boot: Das ist alles, was zählt. Wie lange fahren wir jetzt schon auf dem See, ohne auch nur einmal ein Netz ausgeworfen zu haben? Wie gesagt: Die Zeit steht still, die Sonne brennt, und die unfassbare Schönheit der Landschaft relativiert jeden Gedanken an Arbeit. Doch auf einmal ist der Moment gekommen.

Ein Netz wird ausgeworfen, 350 Meter lang. Das eine Ende wird bei uns auf dem Schiff bewacht, das andere wird in einem Beiboot festgemacht, das wir mitführen und das nun abgenabelt von „Gil" auf dem See stehenbleibt. Unser Boot beschreibt jetzt einen Kreis und nähert sich wieder dem Beiboot an. Das Netz, das eine Tiefe von 55 Metern erreicht, ist nun vorbereitet. Menachem

*Das Beiboot*

ist heute ausschließlich auf Petersfisch aus, dementsprechend wurde das Netz ausgewählt. Kleinere Fische flutschen durch die Maschen.

Wir warten. Nach einigen Minuten wird das grüne Netz mit Hilfe einer Kurbel wieder eingeholt. Die Mannschaft arbeitet hochkonzentriert, Menachem gibt Kommandos. Die gefangenen Fische werden im Beiboot auf Eis gelegt. Nach einem fetten Fang sieht die Beute nicht aus, aber ich kann die Menge nicht einschätzen und frage auch lieber nicht nach. Was kein Petersfisch ist, wird zurück in den See geworfen und schwimmt in der Regel ganz schnell davon. Das Netz wird ordentlich zusammengelegt, beschädigte Stellen werden auf der Stelle sorgfältig geflickt.

Menachem zeigt mir in seinem Steuerraum, wie er die Orte auswählt, an denen er das Netz auswerfen lässt. Er nutzt verschiedene Instrumente, darunter auch eine Maschine, die 1942 in Deutschland hergestellt worden sein soll. Der Kapitän ortet die Fische auch mithilfe von Sonargeräten. Er sieht und hört die Fische mit seinen Maschinen;

und stolz erzählt er mir, dass er hier auf dem See Genezareth wie kein Zweiter unterscheiden kann, welche Fischarten sich gerade wo tummeln.

Menachem Lev wurde nicht im Heiligen Land geboren. Die jüdische Familie stammt aus Rumänien, die meisten Geschwister des Vaters überlebten den Holocaust nicht. Als in der kommunistischen Ära die Lage unter Diktator Ceaușescu unerträglich wurde, floh die Familie nach Israel. Und Menachem wurde Fischer. Er fährt jeden Tag auf den See hinaus, nur am Sabbat wird nicht gearbeitet. Aber der Kapitän sieht die Fischerei nicht nur als Arbeit und sein Boot nicht nur als Arbeitsmaterial: „Fischen ist ein Lebensstil. Man arbeitet mit dem Wind, mit dem Mond. Und das Boot ist auch mein Hobby. Es ist meine Ehefrau. Und manchmal schreie ich diese Frau an." Menachem Lev ist ein Mann, der klare Ansagen bevorzugt. Seine Leute scheinen das zu akzeptieren. „Ich bin der Kapitän", sagt Menachem, „da gibt es Momente, in denen ich nicht der Freund der Mitarbeiter sein kann." Menachem ar-

beitet mit wechselnden Teams; alte Freunde wie Bernie sind nur gelegentlich verfügbar, Freiwillige kommen und gehen. Der Kapitän begrüßt aber, dass überhaupt Volunteers an Bord kommen. Sie würden ein positives Bild von Israel in die Welt tragen.

Ich frage bei Fabian nach, dem deutschen Landsmann auf dem Schiff. Er kommt aus Stuttgart, aber vor Schwäbisch-Attacken muss ich keine Angst haben. Nach einigen Monaten in Israel hat er sich angewöhnt, Englisch zu sprechen. Fabian wusste nach einem abgebrochenen Studium nicht recht, was er mit seinem Leben anstellen sollte: „Dann habe ich ein bisschen im Internet recherchiert. Da ich immer sehr an Politik interessiert war, lag Israel nahe. Es war eine sehr gute Entscheidung." Wahrscheinlich wird Fabian nicht sein ganzes Leben am und auf dem See Genezareth verbringen, doch mein Eindruck an diesem Tag auf diesem Schiff ist: Hier hat einer einen Platz gefunden, der in diesem Moment seines Lebens Sinn macht.

*Die Primatskapelle vom See aus fotografiert*

Und dann wird Menachem Lev, der knallharte Kapitän, der so selten lächelt, zum Botschafter seiner Heimatregion und steuert „Gil" Richtung Tabgha. Fische hat er jetzt nicht im Kopf, er will mir, ohne große Worte zu machen, die berühmtesten Ecken der Gegend vom See aus zeigen. Die Mannschaft weiß, dass sie jetzt Pause hat. Menachem nickt mir zu und wirkt zufrieden. Auf Anordnung des Kapitäns gibt mir jemand einen Becher Wasser. „Man dehydriert und merkt es nicht", warnt mich Bob, ein Amerikaner, dessen Haut so weiß ist, dass er auf Sonnencremes mit den allerhöchsten Lichtschutzfaktoren angewiesen ist. Dann zeigt Bob Richtung Ufer: „Dort drüben liegen Bethsaida, Kafarnaum und Chorazin. Das wären ideale Plätze gewesen, um Städte zu bauen. Aber Jesus hat diese Orte verflucht. Ist das nicht erstaunlich? Tiberias dagegen geht es gut." Ich wende ein, dass Jesus Tiberias höchstwahrscheinlich gemieden hat – zum einen, weil die Stadt auf Gräbern errichtet wurde; zum anderen, weil dort der „Fuchs" Herodes Antipas residierte. Als Tiberias-Fan ist er

also nicht bekannt. Bob zuckt mit den Schultern, und wenig später dreht das Boot wieder ab. Genug Tourismus, Menachem will jetzt wieder Fische fangen.

Es dauert ein bisschen, dann hat der Kapitän erneut das untrügliche Gefühl, dass Petersfisch in der Nähe ist. „Gil" wird langsamer, das Beiboot wieder losgemacht, und dieselbe Prozedur wie vorhin beginnt noch einmal. Dieses Gemeinschaftsfischen erreicht natürlich nicht die kontemplative Qualität, die vielleicht ein Angler erlebt, der allein an einem Flussufer hockt. Etwas anderes steht im Vordergrund: Man arbeitet Hand in Hand, um ein gemeinsames Ziel zu erreichen. Nicht umsonst ist das Schiff bis heute ein Symbol für Kirche und Gemeinde.

Diesmal sieht der Ertrag schon ein bisschen freundlicher aus. Und weiter geht es auf dem See, bis sich Menachems Instinkt und Instrumente wieder melden. Am Ende eines langen Tages auf See werden 220 Kilo Fisch im Beiboot sein. Das ist okay, aber keinesfalls ein sensationelles Resultat. 500 Euro koste ihn ein Tag auf dem See Genezareth, rechnet mir Menachem vor. Großen Gewinn hat er also nicht gemacht heute. Der Fisch landet in aller Regel auf dem Markt, erklären mir die Fischer; dort würde er von Arabern aufgekauft, die gute Qualität schätzen. Die Restaurants am See, die gern Fische mit identischer Größe auf den Teller bringen, würden dagegen in der Regel gezüchteten Petersfisch anbieten. „Oder Fische aus Thailand", sagt Bernie.

Der Kapitän steuert sein Boot wieder in Richtung Ein Gev. „Pass auf deine Kappe auf", ruft mir Menachem zu, „es wird windig. Das war's für heute!" Zum Schluss also ein kleiner Sturm, das passt ja. Er habe schon schwere Stürme erlebt auf dem See Genezareth, erzählt mir Menachem. Und fügt hinzu: „Es stimmt, was in den christlichen Evangelien steht." In diesem Moment denke ich, dass die fischenden Apostel ihre Stürme auf dem See in weitaus wackeligeren Booten überstehen mussten. Aber natürlich freue ich mich über dieses schöne Zeichen, dass sich manche Dinge hier in Galiläa eben nicht ändern. Es gibt immer noch viele jahrhundertealte Spuren zu entdecken – auf Seinem See, an Seinem See. Und manchmal sind die Spuren im Wind.

## Verwendete und weiterführende Literatur

**Badde, Paul:** Heiliges Land. Auf dem Königsweg aller Pilgerreisen, Gütersloh 2008

**Fleckenstein, Karl-Heinz:** Komm und sieh! Begegnung mit dem Land der Bibel, Neckenmarkt 2008

**Hesemann, Michael:** Der erste Papst. Auf der Spur des historischen Petrus, München 2003

Ders.: Jesus von Nazareth. Archäologen auf den Spuren des Erlösers, Augsburg 2009

**Kroll, Gerhard:** Auf den Spuren Jesu: Sein Leben – Sein Wirken – Seine Zeit, Leipzig 2002

**Nun, Mendel:** Der See Genezareth und die Evangelien. Archäologische Forschungen eines jüdischen Fischers, Gießen 2001

**Pixner, Bargil:** Mit Jesus durch Galiläa nach dem fünften Evangelium, Rosh Pina 1992

**Thiede, Carsten Peter:** Jesus. Der Glaube. Die Fakten, Augsburg 2003

## Bildnachweis:

**Paul Badde** 30
**Werner Eckert** 40/41
**Danny Sion Friedman** 13, 14
**Michael Hesemann** 91
**Michael Ragsch** 21, 33 rechts, 34, 35, 42, 56, 69, 82, 89, 93, 94/95, 120, 126, 127, 128/129, 131, 132/133
**Sebastian Reith** 4 (Karten)
**Ulli Weber** 7, 9, 11, 15, 16, 17, 19, 22, 23, 24, 25, 26, 27, 28, 29, 31, 32, 33 links, 37, 38, 44, 45, 46, 47, 48/49, 50, 51, 53, 54, 55, 59, 60, 61, 63, 65, 67, 70/71, 72, 73, 75, 77, 78/79, 80, 81, 97, 99, 100/101, 102/103, 105, 107, 108, 109, 111, 112/113, 117, 118, 119, 121, 123, 125, 135
**Marcela Zapata Meza** 110, 115

Ich danke: Meinen Eltern für ihre Unterstützung bis hierhin. Rudolf Ammann, der mir den See zuerst gezeigt hat. Anette und Markus Kluck für ihre unermüdliche Arbeit an diesem Buch. Den großartigen Kollegen Paul Badde und Michael Hesemann, die jeweils ein Foto beigesteuert haben. Sebastian Reith für die Karten. Marina Weber für die Bearbeitung der Bilder. Dr. Michael Ernst und Christa Klepp vom Bonifatius-Verlag für ihre Begeisterungsfähigkeit. Und den Stadtwerken Bochum, die seit Jahren ein verlässlicher Partner sind.